A MA FAMILLE

F. PETIT, Avoué a Saint-Quentin

Docteur en Droit

DU PRIVILÈGE

DU BAILLEUR

D'UN FONDS RURAL

SAINT-QUENTIN

Imprimerie-Librairie Paul LEBRAULT

1907

DU PRIVILÈGE

DU BAILLEUR
D'UN FONDS RURAL

F. PETIT

DU PRIVILÈGE

DU BAILLEUR

D'UN FONDS RURAL

SAINT-QUENTIN

IMPRIMERIE-LIBRAIRIE PAUL LEBRAULT

1907

« ordinaire des Romains, le fermage n'est
« qu'une situation secondaire. Les fermiers
« sont subordonnés au villicus, au procurator,
« à l'actor, qui sont pourtant des esclaves. Ils
« ne sont pas les régisseurs du domaine, les
« maîtres temporaires du sol ; ils ne sont qu'en
« sous-ordre. Ils occupent des parcelles de la
« terre du maître à côté d'esclaves qui en
« cultivent une autre partie ; et le domaine se
« partage en cultures serviles et cultures libres,
« sans qu'on puisse dire qu'il y ait une grande
« différence entre les deux sortes de cultures » (1).

Quoi qu'il en soit, qu'elle qu'ait pu être
l'importance exacte de ce mode d'amodiation,
il est hors de doute que le contrat de louage des
immeubles ruraux a été pratiqué dans toute la
période impériale.

Horace parle, dans ses œuvres, des cinq
fermiers qui cultivent la terre que lui a donnée
Mécène. Il les cite comme « cinq pères de
famille ayant chacun leur foyer » et il nous les
montre comme se rendant fréquemment à
Varia, la Ville voisine, pour assister non seulement au marché, mais aux comices. Ces détails
impliquent que ces fermiers étaient des cultivateurs libres, et non des esclaves.

---

(1) F. DE COULANGES, *Hist. des Inst^ons Politiques de
l'Ancienne France*. L'Alleu et le domaine rural pendant
l'époque Mérovingienne, p. 67.

ou de celui loué d'un autre propriétaire.
Ajoutons à celà que l'Etat romain, pour se
procurer des revenus, avait l'habitude d'affermer
les biens conquis, par des baux dont la durée
ordinaire était de cinq ans.

Malgré ces raisons particulières, il est douteux
cependant que la location des biens ruraux ait
acquis à Rome l'importance que nous lui
connaissons de nos jours : c'est qu'en effet, à
l'époque du monde romain où la richesse, à
commencé à se développer, où les patriciens
sont arrivés à posséder des domaines ruraux de
plus en plus considérables, ils s'accoutumèrent
à faire exploiter ces terres par leurs propres
esclaves placés sous leur direction, ou souvent
sous la direction d'un intendant, esclave lui-
même. Ce mode d'exploitation qui était très
répandu — le traité de Caton, *De Re rustica*,
en fait foi — dut nécessairement restreindre le
développement des locations de biens ruraux.

Certains historiens pensent même que le
fermage libre n'aurait eu à Rome, même à
l'époque de la République et dans les premiers
siècles de l'Empire, qu'une importance restreinte,
C'est notamment l'opinion de M. Fustel de
Coulanges qui, s'appuyant sur différents textes
d'Horace, de Pline le Jeune, de Columelle et
même du Digeste, s'exprime ainsi : « Nous
« devons penser que, dans la pratique la plus

DU PRIVILÈGE

DU BAILLEUR D'UN FONDS RURAL

INTRODUCTION

La location des immeubles ruraux présente, au point de vue économique, une importance considérable. De nos jours, la location des terres, sous la forme du métayage ou du bail à ferme, est le moyen le plus usité de les mettre en valeur ; et l'histoire nous apprend que déjà le monde ancien, et particulièrement le monde romain, pratiquait ce mode d'exploitation des biens ruraux.

A Rome, comme à notre époque, l'on rencontre les mêmes variétés d'amodiation de la terre : il y a des fermiers qui payent en argent, d'autres qui payent en nature, et il est même remarquable que le bail des biens ruraux ait eu une importance avant celui des maisons : c'est que le peuple romain était un peuple éminemment laboureur; la profession qu'il honorait le plus et à laquelle il s'adonnait de préférence, lorsque la guerre le laissait libre, était l'agriculture, et tous les citoyens trouvaient leur subsistance dans la culture de leur champ

Quarante ans après Horace, Columelle, qui compose un traité sur l'Agriculture, recommande le louage de la terre. « Ce que le « propriétaire ne peut pas faire valoir lui-même, « ce qu'il ne peut pas au moins surveiller de « ses yeux, il fera bien de le mettre aux mains « d'un fermier. Toute terre, ajoute-t-il, profite « plus dans les mains d'un fermier libre que « dans celles d'un « villicus » esclave ». Puis il ajoute quelques conseils sur le choix de ce fermier et sur l'indulgence qu'il convient d'observer à son endroit, lorsqu'il ne paie pas très exactement le fermage.

Pline le Jeune parle dans ses lettres, à diverses reprises, de ses fermiers : dans l'une d'elles, notamment, il demande à l'Empereur un congé d'un mois pour aller renouveler ses baux sur ses domaines de la Cisalpine.

On trouve encore le louage des terres mentionné dans des lois des années 400 et 411. Il en est question dans des lettres et dans des écrits du cinquième siècle. Il a donc du passer de la société romaine à la société du moyen âge et aux sociétés modernes. Mais il est à remarquer que le fermage des derniers temps de l'Empire était d'un usage relativement rare et s'appliquait surtout aux grandes terres du domaine impérial ou de l'Eglise. Quant à la petite culture libre dont il est question dans les textes de Varron ou de Pline, elle s'était peu à peu effacée, probablement par suite de la situation précaire des petits fermiers, et, sans disparaître absolument, elle avait presque partout fait place à une pratique nouvelle : celle du colonat.

C'est qu'en effet, à cette époque du Bas-Empire, l'exploitation rurale connue sous le nom de colonat est apparue et s'est largement développée. Le colon (colonus), qu'il ne faut pas confondre avec le colon partiaire et qui tient le milieu entre les cultivateurs libres et les esclaves, diffère profondément du locataire ou du fermier, tel que nous le connaissons aujourd'hui et tel que la République Romaine et les premiers siècles de l'Empire l'avaient connu. Si, en effet, le colon cultivait pour son propre compte le fonds du propriétaire, il ne jouissait en aucune façon de la liberté qui est le trait caractéristique de la situation du preneur à bail ; il était, lui et ses enfants, attaché à perpétuité au sol qu'il cultivait, et ne pouvait s'éloigner du fonds exploité sans s'exposer à être poursuivi et ramené de force sur ce fonds.

Après la chute de l'Empire d'Occident, pendant la période barbare du moyen âge, le bail à ferme a totalement disparu : les terres sont aux mains des colons et des serfs ; et entre ceux-ci, dont la condition devenait avec le temps des plus misérables, et le riche seigneur, aucune place n'était laissée au cultivateur libre. Ce n'est qu'à une époque assez avancée du régime féodal, lorsque, pour accroître leur puissance et leurs richesses, les seigneurs eurent pris l'habitude de concéder des terres avec la liberté moyennant redevance, que la location proprement dite des biens ruraux reparut, sous la forme romaine déjà connue, du bail à ferme ou du bail à colonat partiaire. C'est au douzième siècle, au moment où le mouvement des affranchissements s'étendit et se généralisa, que le bail temporaire, soit à ferme, soit à métairie, apparut dans l'histoire de notre Droit (1).

Depuis lors, sous l'une ou l'autre de ces deux formes, qui sont les plus usuelles, le bail des biens ruraux n'a cessé de présenter, dans l'ancienne France et à l'époque contemporaine, un intérêt économique considérable.

En effet, sous l'influence de causes diverses, politiques ou sociales, le métayage d'abord, puis le fermage, prennent dans l'ancienne

(1) Nous croyons devoir signaler qu'en donnant en tête de notre travail le rapide aperçu qui précède, nous n'avons pas entendu faire œuvre d'érudition historique, ni prendre parti entre les diverses théories qui ont été émises sur les origines ou sur les origines et le développement du fermage libre et du colonat. Sur ces points spéciaux qui dépassent le cadre de notre étude, consulter : GIRARD, *Manuel élémentaire de Droit Romain*, p. 127-555. — CUQ, *Institutions juridiques des Romains*, t. 2, p. 790 et s.

France une importance de plus en plus grande.

D'abord le métayage libre réalise un progrès considérable sur le servage, en élevant davantage le travailleur à l'état d'homme, en le rendant plus actif, plus prévoyant, et en faisant profiter la terre elle-même et les seigneurs de cet accroissement de la force productive. Puis, lorsque l'argent devient plus commun, lorsque, avec l'affaiblissement du régime féodal, la terre cesse de tenir une place exclusive dans l'ambition des hommes, lorsque la noblesse et la bourgeoisie, enrichie elle-même, recherchent les villes où les appellent, soit les emplois de cour et les fonctions administratives ou militaires, soit le commerce et l'industrie, l'usage du bail à rente fixe tend à devenir plus fréquent et à se substituer même dans une large mesure au bail à colonat partiaire ou métayage, qu'il finira par dépasser en importance (1).

Le bail des biens ruraux est donc, depuis

(1) En 1776, Adam Smith n'évaluait encore qu'au sixième la part du fermage sur le territoire français ; en 1786, Arthur Young aux 7/8 la part de l'exploitation à mi-fruits. En 1832, M. de Gasparin affirmait que plus de la moitié du sol appartenait au métayage. En 1842, suivant M. de Chateauvieux, le 1/3 seulement des terres cultivables serait aux mains des métayers, la moitié environ étant exploitée directement par les propriétaires. En 1860, M de Lavergne conclut à l'égalité numérique des fermiers et des métayers. D'après un dénombrement de 1881, le fermage occupe par kilomètre carré de territoire exploité 35,9 0/0, le métayage seulement 13,2 0/0. Le reste est livré à la régie des propriétaires.

plusieurs siècles, profondément entré dans nos
mœurs : c'est un fait que les économistes cons-
tatent et tous s'accordent à reconnaître qu'il a
puissamment contribué au développement et à
l'enrichissement de l'agriculture. Il est dès lors
tout naturel que la loi, en réglementant ce
contrat de bail, ait manifesté à son égard une
certaine bienveillance. Comment s'y est-elle
pris ? D'une manière toute simple.

La loi, prenant en considération, d'une part,
la situation souvent modeste du preneur à bail et,
d'autre part, l'intérêt qui s'attache à la créance
du propriétaire du fonds, a pensé que, pour
déterminer celui-ci à consentir volontiers le
contrat de location qui mettra en valeur la propriété rurale, il convenait de donner à cette
créance une solide garantie.

C'est de cette conception qu'est sorti l'art. 2102
1° de notre Code Civil, ainsi conçu :

« Les créances privilégiées sur certains
« meubles sont :

« 1° Les loyers et fermages des immeubles,
« sur les fruits de la récolte de l'année, et sur
« le prix de tout ce qui garantit la maison louée
« ou la ferme, et de tout ce qui sert à l'exploi-
« tation de la ferme ; savoir, pour tout ce qui
« est échu, et pour tout ce qui est à échoir, si
« les baux sont authentiques, ou si, étant sous
« signature privée, ils ont une date certaine ;

« et, dans ces deux cas, les autres créanciers
« ont le droit de relouer la maison ou la ferme
« pour le restant du bail, et de faire leur profit
« des baux ou fermage, à la charge toutefois
« de payer au propriétaire tout ce qui lui serait
« encore dû.

« Et à défaut de baux authentiques, ou lors-
« qu'étant sous signature privée ils n'ont pas
« une date certaine, pour une année à partir de
« l'expiration de l'année courante ;

« Le même privilège a lieu pour les répara-
« tions locatives et pour tout ce qui concerne
« l'exécution du bail ;

« Néanmoins les sommes dues pour les
« semences ou pour les frais de la récolte de
« l'année sont payées sur le prix de la récolte,
« et celles dues pour ustensiles, sur le prix de
« ces ustensiles, par préférence au propriétaire,
« dans l'un et l'autre cas.

« Le propriétaire peut saisir les meubles qui
« garnissent sa maison ou sa ferme, lorsqu'ils
« ont été déplacés sans son consentement, et il
« conserve sur eux son privilège, pourvu qu'il
« ait fait la revendication, savoir, lorsqu'il
« s'agit du mobilier qui garnissait une ferme,
« dans le délai de quarante jours, et dans celui
« de quinzaine, s'il s'agit des meubles gar-
« nissant la maison ».

Ce texte établit au profit du bailleur un privilège spécial.

Il nous a paru intéressant d'étudier ce privilège, en tant qu'il concerne les immeubles ruraux, et de présenter dans une vue d'ensemble les questions diverses que le texte susvisé a pu faire naître, soit en doctrine, soit en jurisprudence.

Définissons tout de suite ce que nous entendons par « immeuble rural ». Nous désignons par ce terme non pas tout fonds situé à la campagne, mais *tout immeuble destiné à une exploitation agricole*. L'immeuble sera un fonds rural, non par sa situation, mais par sa destination.

Ainsi une maison, une usine, un moulin situés à la campagne, seront des fonds « urbains », à moins toutefois qu'ils ne soient l'accessoire d'une exploitation agricole, formant la partie essentielle et principale de la location. Réciproquement, nous considérons comme fonds ruraux des immeubles, même situés à la ville et affectés à la culture, tels une pépinière, un jardin potager, etc.

Nous grouperons nos observations sous les chapitres suivants, qui auront pour objet :

1° L'origine historique et le fondement juridique du privilège ;

2° Les personnes à qui il est conféré ;

3° les biens sur lesquels il porte ;

4° Les créances qu'il garantit ;

5° Le droit de suite qu'il confère ;

6° Le rang qui lui est accordé lorsqu'il est en conflit avec d'autres privilèges ;

7° Et enfin ses causes d'extinction.

Chemin faisant, sous chacune des rubriques auxquelles elles se rattachent, nous étudierons les lois postérieures au Code Civil, qui ont modifié dans une mesure plus ou moins large le texte ou la portée de l'art. 2102-1° et qui sont les lois du 19 février et du 18 juillet 1889.

Nous verrons aussi et nous aurons à apprécier celles qui, comme les lois sur les warrants agricoles des 18 avril 1898 et 30 avril 1906, sont de nature à porter atteinte à notre privilège.

CHAPITRE PREMIER

ORIGINE HISTORIQUE ET FONDEMENT JURIDIQUE
DU PRIVILÈGE

Le privilège du bailleur d'un fonds rural
n'est pas une innovation du Code Civil et sur
ce point, comme sur bien d'autres, le législateur
de 1804 s'est contenté de faire passer dans le
droit moderne les dispositions préexistantes,
soit du Droit Romain, soit du Droit Coutumier

Il n'est pas douteux, tout d'abord, qu'à Rome
la créance du bailleur d'un fonds rural ait été
garantie : on s'accorde généralement à reconnaître qu'elle l'était par une hypothèque tacite
portant sur les récoltes. L'existence de cette
hypothèque est établie par les deux textes
suivants du Digeste :

« *Eo jure utimur ut, quæ in prædia urbana*
« *inducta illata sunt, pignori esse creduntur,*
« *quasi id tacite convenerit : in prædiis*
« *rusticis contra observatur* (1).

« *In prædiis rusticis fructus, qui ibi nas-*
« *cuntur tacite intelliguntur pignori esse do-*
« *mino fundi locati, etiamsi nominatim id*
« *non convenerit* » (2).

(1) L. 4. *In quib. caus. pign.* XX. 2.
(2) L. 7. *Eod. tit.*

Là loi romaine distinguait donc, au point de vue de l'objet de l'hypothèque, suivant qu'il s'agissait du bail d'un héritage rural ou du bail d'un héritage urbain : dans ce dernier cas, le locator avait pour garantie les meubles apportés par le conductor sur le bien loué ; dans le premier, au contraire, les récoltes seules étaient affectées au paiement de la créance.

Pourquoi cette différence ? Elle s'explique par la différence des deux situations : le droit romain considérait sans doute que le propriétaire d'un bien rural était suffisamment garanti par la valeur des récoltes et il estimait plus naturel de lui conférer à titre de gage ou d'hypothèque une partie même de sa chose, les fruits ou récoltes ; le propriétaire d'une maison ou d'un fonds urbain ne saurait avoir au contraire d'autre sûreté que les objets mobiliers introduits dans l'immeuble par le locataire. Nous sommes d'autant plus autorisés à penser que là se trouve bien le véritable motif de la distinction, que les jurisconsultes romains appliquaient la règle admise pour les héritages urbains, lorsqu'il s'agissait non plus d'immeubles frugifères, mais d'héritages ruraux tels que étables, granges, greniers, etc. (1).

Il convient d'ajouter que, si l'hypothèque

(1) D., 1. 3 et 4, *Eod. tit.*

tacite du bailleur ne s'étendait pas de plein droit aux meubles *« invecta et illata »*, il arrivait fréquemment que le fermier affectait, conventionnellement, à la sûreté de sa dette, son matériel d'exploitation. L'Edit du préteur permit de bonne heure cette convention et ce fut même là, d'après les auteurs modernes, l'origine et le point de départ de l'hypothèque romaine (1).

Il est à remarquer aussi, que l'hypothèque tacite, dans le cas où elle était admise, portait sur tous les fruits produits par l'héritage rural, c'est-à-dire non seulement sur la récolte de l'année, mais sur celle des années précédentes ; et d'autre part, cette hypothèque garantissait d'une manière générale toutes les créances, nées du louage, partant, non seulement la créance de fermages, mais aussi celles des dégradations commises par le conductor, etc.

La protection des droits du bailleur ainsi admise par le droit romain se retrouve dans notre ancien droit ; et dans toute l'ancienne France la créance du bailleur d'un immeuble rural se trouva garantie par une sûreté spéciale : le principe est admis aussi bien dans les pays de coutume que dans les pays de droit écrit ; mais il ne l'est, dans les uns comme dans les

(1) GIRARD. *Manuel*, p. 750.

autres, qu'avec certaines modifications qu'il importe de signaler.

Les pays de droit écrit admettent, comme le droit romain, que le privilège n'affecte que les fruits et récoltes du bien affermé ; mais sous l'influence des idées coutumières, ils arrivent également à admettre que la sûreté donnée au bailleur consiste, non plus dans une hypothèque, mais dans un simple privilège, dépourvu de tout droit de suite.

Ce fut là, sans aucun doute, une influence coutumière ; et nous trouvons ici une application particulière du principe admis d'une façon générale, en pays coutumier, que « les meubles n'ont pas de suite par hypothèque ». Tandis, en effet, que le Droit romain, reconnaissant au profit du bailleur d'un fonds rural, une véritable hypothèque, armée du droit de suite, lui permettait d'exercer ce droit au moyen de l'action Servienne, le droit coutumier lui refusa, en principe, ce droit. Pothier signale en ces termes cette différence :

« Selon le Droit romain, ce droit (le droit « du locateur sur les fruits) était une hypothè- « que parfaite que le locateur conservait, en « quelques mains que passassent les choses qui « y étaient sujettes ; mais dans notre Droit, lors- « que les fruits ont été déplacés de la métairie « où ils étaient, et que le locateur a manqué de

« les saisir dans le court délai qui lui est ac-
« cordé pour cela, son droit s'évanouit.

« Cette décision a lieu quand même le fermier
« demeurerait propriétaire desdites choses ; il
« suffit qu'elles aient été déplacées de la métairie
« et que le locateur ait omis de les suivre, pour
« qu'il ne soit plus recevable à prouver que les
« fruits qui se trouvent dans un autre lieu sont
« ceux qui sont nés dans sa métairie...

« Cela a lieu à bien plus forte raison lorsque
« ces choses ne sont plus en la possession du
« fermier qui les a aliénées, par la règle générale
« qu'en France les meubles n'ont pas de droit
« de suite par hypothèque. » (1).

Il convient néanmois de remarquer que si
Pothier, avec les coutumes et les anciens
auteurs, refuse en principe au bailleur d'un
fonds rural le droit de suite attaché à l'hypothèque romaine, il reconnaît cependant que,
pendant un délai très court à partir du déplacement, le propriétaire peut suivre hors des lieux
loués les objets affectés à sa garantie. Ce délai,
variable suivant les régions, était de quarante
jours, suivant la coutume d'Orléans.

« Quoique par notre Droit français, dit-il,
« les meubles n'aient pas de suite par hypothè-
« que, néanmoins on a conservé aux locateurs

---

(1) POTHIER. *Traité du Contrat de louage,* n° 229.

« (de maisons et) de métairies, le droit de
« suivre les meubles qui leur sont obligés.

« Plusieurs Coutumes en ont des dispositions :
« par exemple, celle d'Auxerre, tit. 5, art. 129,
« dit : « Meubles n'ont pas de suite par hypo-
« thèque, si ce n'est pour louage de maisons. »

« Mais le locateur doit exercer ce droit de
« suite dans un court délai, depuis que les
« meubles ont été transportés hors de la maison
« ou de la métairie ; sinon le droit qu'avait le
« locateur sur lesdits meubles est purgé ; et en
« cela notre Droit français est différent du
« Droit romain.

« Sur le temps dans lequel le locateur doit
« exercer son droit de suite sur les meubles
« déplacés de sa maison ou métairie, il faut
« suivre les usages des différents lieux. Suivant
« l'usage de notre province, le locateur d'une
« maison a huit jours pour suivre les meubles
« qui ont été enlevés, et le locateur d'une
« métairie en a quarante (1).

La transformation de l'hypothèque du Droit
romain en simple privilège mobilier, ne fut pas
la seule innovation apportée sur ce point par
nos anciennes coutumes ; l'objet même de la
garantie donnée au bailleur de biens ruraux fut
modifié et étendu. Certaines de ces coutumes,

(1) POTHIER, *même traité,* n° 257.

notamment celles de Paris dans ses art. 161 et
171, et celle d'Orléans dans ses art. 415 et 416,
accordent aux locataires des métairies, suivant
l'expression du même Pothier (1). « Une espèce
« de droit de gage, non seulement sur les fruits
« qui y naissent, mais même sur les meubles
« que les fermiers ont dans lesdites métairies, tel
« que l'ont les locataires des maisons de Ville. »

Les autres coutumes étaient au contraire
muettes sur ce point et une contreverse s'est
élevée sur la question de savoir s'il convenait,
dans le silence des textes, d'appliquer les règles
du Droit Romain ou celles des Coutumes de
Paris et d'Orléans. Cette difficulté se trouve
relatée par Ferrière, dans les termes suivants :

« Brodeau, sur l'article 161 n° 8, dit que le
« Droit français admet l'hypothèque tacite et
« privilégiée sur les meubles et autres choses
« qui se trouvent dans les fermes et maisons
« des champs, pour les moissons aussi bien que
« sur les fruits. Ricard, sur l'article 171, dit au
« contraire que ce privilège ne doit point être
« étendu à l'égard des maisons et des champs
« dans les autres coutumes.

« M. Auzanet, sur cet article, dit que c'est
« un droit singulier établi dans notre Coutume ;
« et il dit que cela a été ainsi jugé en la Cou-

---

(1) POTHIER, même traité, n° 258.

« tume de la Rochelle, qui ne contient pour ce
« sujet aucune disposition, par arrêt du
« 26 mai 1637 » (1).

Nous trouvons également, dans l'ouvrage
précité de Pothier, l'indication des mêmes
divergences de doctrine et de jurisprudence ; et
l'auteur constate que l'opinion prédominante
dans le dernier état du Droit est celle de l'extension des Coutumes de Paris et d'Orléans : voici
du reste le passage auquel nous faisons allusion :

« A l'égard des Coutumes qui ne s'en sont
« pas expliquées, il se trouve au premier tome
« du *Journal des Audiences*, VIII, 25, un arrêt
« du 22 novembre 1655, qui a jugé que les
« locateurs des métairies et biens de campagne,
« n'avaient ce droit que sur les fruits, confor-
« mément aux lois romaines, et non sur les
« meubles, la Coutume de Paris qui l'accorde
« ne devant pas à cet égard faire loi hors de son
« territoire. Il ne paraît pas que cet arrêt ait été
« suivi, car Basnage, en son *Traité des hypo-*
« *thèques*, atteste que c'est un usage général de
« la France coutumière, que le locataire des
« métairies ait ce droit sur les meubles, comme
« sur les fruits » (2).

Enfin Loysel, dans ses *Institutes Coutu-*

---

(1) FERRIÈRE, *Sur la Coutume de Paris*, titre VIII, art. 171
nº 10.
(2) POTHIER, *Louage*, nº 228 in fine.

mières, admet cette règle comme certaine et la formule ainsi :

« Les grains et biens meubles d'un fermier et « locataire sont taisiblement obligés pour les « moissons et loyers du propriétaire » (1).

C'est dans ces règles du droit coutumier, fixées d'une façon si claire par Pothier dans le passage précité, que les rédacteurs du code ont puisé, lorsqu'ils ont organisé le privilège du bailleur d'un fonds rural : l'art. 2102-1° qui contient la réglementation de ce privilège dérive donc directement de la coutume.

Nous avons vu, et nous verrons dans le chapitre 4 de ce travail, que les dispositions de l'art. 2102 1° ont reçu, en ce qui concerne le privilège du bailleur sur fonds rural, une importante modification de la loi du 19 février 1889 ; mais l'innovation introduite par cette loi ne concerne que l'étendue de la créance garantie par le privilège, étendue qu'elle est venue restreindre dans une large mesure.

Aujourd'hui encore, comme avant cette loi nouvelle, c'est l'art. 2102-1°, dont le texte est du reste demeuré intact, qui reste le siège principal de la matière que nous nous proposons d'étudier. Il était bon de constater que cet article est d'origine coutumière.

(1) LOYSEL, Livre III. Titre VI. Règle 7.

La filiation historique du privilège étant connue, il nous reste à en rechercher la raison d'être et le fondement juridique.

Pourquoi le Droit romain, pourquoi notre ancien Droit, et notre Droit moderne ont-ils ainsi donné et conservé au bailleur d'un fonds rural une garantie spéciale pour le paiement de sa créance contre le fermier ? La concession de cette sûreté repose sur différents motifs d'équité et d'intérêt général, sur lesquels les auteurs paraissent être d'un accord unanime, et qui sont ceux-ci : c'est que tout d'abord la location des biens ruraux, des terres, des champs, avec le développement qu'elle a pris dans notre ancien Droit et de nos jours, présente un intérêt social de premier ordre, et la loi a dû la faciliter en garantissant au bailleur le paiement de ses fermages. — N'est-il pas, de plus, parfaitement équitable que le propriétaire qui procure au fermier, en lui abandonnant la jouissance de sa terre, les moyens de s'enrichir et de pourvoir aux nécessités de l'existence, en même temps qu'il se prive de ces moyens, trouve dans une garantie spéciale la certitude d'être payé, avant tous autres, du prix de cet abandon ? Les créanciers du fermier, qui, grâce à la location consentie par le propriétaire, ont vu s'accroître les ressources de leur débiteur, ne seraient-ils pas en équité bien mal venus à se plaindre de ce que le bailleur soit payé avant eux ? Cette faveur du législateur pour la créance du bailleur s'explique d'autant mieux que cette créance est nécessairement une créance à terme, et que le bailleur est obligé de suivre la foi du fermier, qui d'ordinaire ne dispose que d'assez modestes ressources.

Le législateur français, après la loi romaine, a fait porter la garantie du bailleur d'immeubles ruraux sur les meubles du fermier et sur la récolte des biens loués. Il n'est pas difficile d'expliquer juridiquement cette décision de notre loi : en tant qu'il grève les objets qui garnissent la ferme et les ustensiles qui servent à l'exploitation, le privilège a pour fondement une constitution tacite de gage ; la loi présume qu'il a été entendu entre le bailleur et le preneur que ces meubles garnissants et ustensiles seraient affectés au paiement des fermages, et l'on considère que le bailleur a, en quelque sorte, la possession des meubles placés dans son immeuble ou sur sa terre.

Quant au privilège spécial sur les fruits et récoltes de l'année, il ne repose pas, suivant l'opinion générale, sur un nantissement présumé ou tacite. Comme le disent MM. Aubry et Rau :
« Il est fondé sur ce que le locateur est censé
« n'avoir abandonné les fruits futurs des
« immeubles loués, qu'à la condition du paie-

« ment des fermages, et en avoir ainsi, en
« quelque sorte, retenu la propriété » (1).

Certains auteurs, comme Laurent, cependant,
assignent à ce privilège sur les fruits un fondement un peu différent : ils se refusent à
admettre que, par ce droit censé retenu jusqu'au
paiement des fermages, le propriétaire puisse
prétendre exercer un privilège sur sa propre
chose, et, pour eux, la seule raison qui explique
le privilège du bailleur sur les fonds, c'est que
les fruits sont produits par son fonds et qu'il en
enrichit la masse : il est juste que, sur ces fruits,
le bailleur soit payé par préférence aux autres
créanciers, puisque sans lui, sans le bail consenti
par lui, les fruits ne seraient pas devenus le gage
des créanciers (2).

(1) T. III, parag. 261. 5ᵐᵉ édition, p. 234, texte et note 13 ;
GUILLOUARD, t. I, nᵒ 256.
(2) LAURENT, T. 29, p. 409, § 379.

CHAPITRE II

L'article 2102-1° déclare privilégiée la créance des (loyers et) « fermages des immeubles ». De l'avis de tous, il résulte des termes de notre texte que le privilège, avec l'étendue que lui donne l'article 2102 et que nous déterminerons aux chapitres suivants, est accordé à tout bailleur d'immeubles.

Cette proposition implique pour l'existence du privilège deux conditions nécessaires et suffisantes : 1° il faut tout d'abord qu'une personne ait la qualité de bailleur ; 2° il faut de plus qu'il s'agisse de la location d'un immeuble rural. Nous laisserons bien entendu de côté tout ce qui pourrait concerner le bail des biens autres que les biens ruraux.

A) L'article 2102-1° paraît ne viser, dans quelques-unes de ses parties, que le privilège du propriétaire du bien affermé ; mais il est unanimement admis, en doctrine et en jurisprudence, que le terme « propriétaire », dont se servent les alinéas 1 *in fine*, 3 et 4, n'est qu'énonciatif et que la loi n'a statué dans ce texte que *deo quod plerum que fit ;* habituelle-

ment, c'est le propriétaire du fonds qui en est le
bailleur. Mais le locataire principal, l'usufruitier,
aurait droit au privilège, au même titre que le
propriétaire. Il y a, pour le décider ainsi, à la
fois un argument de texte et un argument
rationnel : le premier résulte de l'article 819 du
Code de procédure civile, relatif à la saisie-
gagerie, qui vient rectifier, dans ce qu'il a de
trop étroit et de trop peu compréhensif, l'article
2102. La saisie-gagerie est, en effet, la procédure, la voie d'exécution qui sert à mettre en
œuvre le privilège du bailleur d'immeubles;
elle n'est permise qu'à ceux qui peuvent invoquer ce privilège. Or, l'article 819 la donne
aussi bien au locataire principal qu'au propriétaire; quant à l'argument de raison, il repose
sur la raison d'être et le fondement même du
privilège qui nous occupe. Comme le disent
fort bien MM. Aubry et Rau : « C'est au fait de
« la location et non au droit de propriété, que
« la loi attache la garantie spéciale du privi-
« lège » (1).

La généralité du texte conduit à décider que
le mode de détermination du fermage importe
peu pour l'existence du privilège ; que les
parties aient stipulé une somme d'argent ou un
paiement du fermage en nature, le privilège

(1) AUBRY et RAU, t. III, paragr. 261, p. 226.

existe dans l'un et l'autre cas; mais il faut, bien entendu, que la convention réunisse bien les traits caractéristiques du louage d'immeubles. Il appartient au juge de décider, en pareil cas, s'il y a louage ou société (1).

C'est à ce propos qu'on s'est demandé fréquemment, avant la loi du 18 juillet 1889, si le bailleur à colonat partiaire avait privilège sur les meubles de son colon pour l'exécution des créances résultant du contrat. Cette question ne faisait pas de doute dans l'ancien Droit. Pothier disait (2) : « Les locateurs de maisons et de « *métairies* ont le droit d'être préférés, pour les « créances résultantes du bail, aux autres « créanciers de leurs fermiers ou locataires sur « les fruits et sur les meubles qui garnissent la « *métairie* ou la maison. »

Un arrêt du 7 ventôse an XII de la Cour de Nimes a reconnu ce privilège, et l'article 3 de la loi du 25 mai 1838 reconnaissait de même, non seulement le droit du propriétaire de métairie d'agir par voie de saisie-gagerie contre le colon partiaire, mais réglait l'application de droits qu'implique l'existence du privilège. Cependant, on remarquait une certaine hésitation en doctrine et en jurisprudence; c'est qu'on n'était pas

(1) Aubry et Rau, *ibid.* p. 225. Guillouard, I, n° 267.
(2) *Traité du contrat de louage*, 4ᵐᵉ partie, chap. Iᵉʳ, art. 2, n° 252, p. 90.

bien d'accord sur la nature de la convention de bail à colonat partiaire. Une opinion ne voyait dans le colonat partiaire qu'une forme de la société et lui refusait le caractère d'un bail proprement dit : partant, l'article 2102 ne devait pas garantir la créance du propriétaire. Suivant d'autres au contraire, et c'était l'opinion dominante, le colon partiaire était un véritable preneur à bail. On faisait remarquer que la loi le dénomme comme tel à diverses reprises (art. 1763 et 1764); qu'elle lui interdit de « souslouer »; qu'elle lui applique en général les règles du bail. Au surplus, ajoutait-on, les motifs qui ont fait instituer le privilège dans le bail à ferme se rencontrent dans le colonat ou le métayage : de part et d'autre, en effet, même nécessité d'assurer au propriétaire le paiement de sa créance : dans un cas comme dans l'autre, le propriétaire a dû compter pour obtenir le paiement de sa créance sur les fruits à provenir de l'immeuble loué, sur les meubles garnissant et sur les ustensiles servant à l'exploitation (1).

La question a été tranchée législativement en

(1) Aix, 6 fév. 1822; Limoges, 26 août 1848, Sir. 49.2.321. Lyon, 9 juil. 1860, Sir. 1860.2.520; Paris, 26 décembre 1871, S. 73.2.13; Cass. 8 fév. 1875, S. 75.1.182; Alger, 25 juin 1878, S. 78.2.326; Cass. Rome, 28 déc. 1882, S. 83.4.39; Poitiers, 18 déc. 1890, S. 91.2.101 ; AUBRY et RAU, ibid, p. 226, texte et note 3 bis ; GUILLOUARD, I, n° 268.

ce dernier sens, par la loi précitée du 18 juillet
1889. Cette loi, qui doit constituer une des
parties de notre Code rural, décide que
le bail à colonat partiaire est bien un louage;
elle lui déclare applicable les règles ordinaires
du contrat de bail et elle dispose notamment,
dans son article 10, que « le bailleur exerce le
« privilège de l'article 2102 du Code civil, sur
« les meubles, effets, bestiaux et portions de
« récoltes appartenant au colon pour le paie-
« ment du reliquat du compte à rendre par
« celui-ci » (1)

B) Le privilège qui nous occupe est attaché
à toutes les locations d'immeubles; cela résulte
encore de la généralité des termes de l'article
2102 : il garantit donc la créance de tout bailleur d'immeubles ruraux; ce sont les seuls qui
nous intéressent ici.

Nous avons vu rapidement plus haut (Introduction) ce qu'il convient d'entendre par « fonds
rural ». Il importe ici de revenir d'une façon un
peu plus complète sur cette question et de préciser par quels caractères les fonds ruraux se
distinguent des immeubles urbains qu'on leur
oppose. L'intérêt de cette distinction réside du

---

(1) SIREY, *Lois annotées de 1889*, p. 562, note 19. — *Adde :*
MM. HÉRON DE VILLEFOSSE, *Loi du 18 juillet 1889*, (Bail à
colonat partiaire), p. 10; DE L'ÉPINE, *Commentaire de la loi
du 18 juillet 1889* Sur le bail à colonat partiaire, n° 41.

reste, non seulement dans l'application des règles concernant le privilège — nous verrons que ce privilège n'a pas la même étendue dans les deux cas, — mais aussi au point de vue des règles particulières tracées au titre du louage pour les baux à ferme.

La base de la distinction se trouve indiquée dans un rapport du tribun Mouricault au Tribunat : « Le louage d'un bien rural, dit-il, « c'est-à-dire d'un fonds produisant des fruits « naturels ou industriels, est appelé bail à « ferme. Le louage d'une maison ou d'un « bâtiment qui produit des fruits civils ou « loyers est appelé bail à loyer » (1)

Dans l'ancien Droit, Denizard adoptait une distinction identique et nos auteurs modernes adoptent la même solution.

Suivant Troplong (2), les biens ruraux « sont « ceux qui sont destinés à l'agriculture et au « pâturage, ceux qui font vivre l'homme des « biens de la terre. »

M. Guillouard dit « que le fonds rural est « celui qui est loué pour servir à une exploi- « tation agricole. »

Nous comprendrons donc, sous la dénomination de « fonds rural », les terres, les jardins productifs, les prés, les bois, les pâturages, les

(1) FENET, XIV, p. 322.
(2) Nº 632.

vignes et autres lieux de campagne qui pro-
duisent des fruits naturels ou industriels, qu'un
fermier ou colon partiaire a le droit de percevoir. Les autres biens, tels que maisons, appar-
tements, usines, moulins, chantiers, scieries,
maisons de campagne, maisons d'habitation,
même situés à la campagne, doivent être considérés comme des fonds urbains et font l'objet de
baux à loyer.

Cependant, il peut arriver dans certains cas,
et il arrive même souvent, qu'une même location comprenne, à côté des fonds de terre, les
bâtiments nécessaires à leur exploitation et à
l'habitation du preneur. Le bail ne cesse pas
d'être considéré comme bail à ferme, lorsque,
du moins, ce sont les terres et les fonds ruraux
proprement dits qui présentent l'importance la
plus considérable (1).

Tout bailleur d'immeubles ruraux, avons-
nous dit, a droit au privilège de l'article 2102.
Il n'y a, à notre avis, aucune distinction à faire
entre les fonds bâtis, c'est-à-dire ceux qui, à
côté des terres, comprennent les constructions
nécessaires à l'exploitation, et ceux qui sont
loués seuls, sans bâtiments.

La question, cependant, ne laisse pas que

(1) Pau, 14 janvier 1894, S. 99.2.80; GUILLOUARD, *Louage*,
t. II, n° 451; Jug. Trib. civ. Gien 1er déc. 1896; *Pand. fr. per.*
97. 2. 178; Journal *La Loi* du 24 déc. 96.

d'être discutée en doctrine et en jurisprudence.
Sans vouloir entrer ici dans le vif de la controverse, qui trouvera sa place dans le chapitre
relatif à l'assiette du privilège, nous devons
signaler qu'on a contesté au bailleur d'un
terrain dépourvu de construction, tel qu'un
herbage ou une prairie, le droit au privilège
sur les meubles morts ou vifs qui y sont placés
par le preneur. Quelques décisions judiciaires
se sont prononcées en ce sens (1). Mais l'opinion
contraire triomphe, à juste titre, nous semble-
t-il. L'article 2102 est en effet général ; il
déclare privilégiés les loyers et fermages des
immeubles. Tout bailleur d'immeubles a donc
droit, à notre avis, à un privilège, qu'il s'agisse
d'un terrain nu ou d'un terrain construit. Aussi
bien, les motifs qui ont fait admettre le privilège
qui nous occupe se rencontrent avec autant de
force dans le bail d'un herbage ou d'une prairie,
que dans celui d'une ferme bâtie. Enfin, comme
le fait très justement remarquer M. Guillouard,
l'opinion contraire aboutit à des conséquences
inacceptables : si l'on refuse d'admettre le privilège au profit du bailleur d'un terrain nu, il
faut le refuser également au bailleur d'une

---

(1) Bourges, 1ᵉʳ juin 1886, S. 88.2.185 et Dalloz Supp' Vᵒ
Priv. et Hypot. nᵒ 90 ; Trib. d'Amiens, 4 décembre 1886,
S.87.2.140. D. P. 94.1.129, note b ; Trib. d'Arbois, 14 juin 1888,
S. 89. 2. 119.

grange, d'un magasin, d'une cave ou d'un grenier, sur les objets que le locataire y dépose. Ces divers locaux ne peuvent être, en effet, considérés ni comme une maison, ni comme une ferme. Or, personne n'est jamais allé jusqu'à admettre cette conséquence, qui est contraire au but du législateur.

CHAPITRE III

Nous avons vu plus haut de quelle manière le Droit Romain et le Droit coutumier ont réglé l'assiette de la garantie hypothécaire ou privilégiée offerte au bailleur. Le Code Civil s'est inspiré de leurs dispositions : l'article 2102-1° décide, en effet, que le privilège du locateur porte : « sur les fruits de la récolte de l'année, « sur le prix de tout ce qui garnit la maison « louée ou la ferme et de tout ce qui sert à « l'exploitation de la ferme. »

Dans l'hypothèse d'un bail à ferme (ou plus largement d'une location d'un fonds rural), trois éléments distincts du patrimoine du preneur se trouvent donc grevés. Nous les examinerons successivement sous trois sections différentes.

I. — Des meubles garnissant la ferme.

1° Le privilège affecte d'abord le prix de tout ce qui garnit (la maison louée) ou la ferme.

Cette catégorie d'objets grevés est commune

3

à l'hypothèse d'un bail de maison et à celle de la location d'un fonds rural : dans un cas comme dans l'autre, les « meubles garnissant » sont soumis au privilège.

Quel est donc le sens de cette expression de la loi ? La question prête, en doctrine, à quelque controverse. Certains auteurs, s'appuyant sur l'origine historique de l'article 2102, sur l'article 171 de la coutume de Paris, d'où cette disposition est extraite, considèrent comme atteints par le privilège tous les meubles qui se trouvent dans l'héritage loué : il suffit qu'ils occupent une place dans les lieux loués pour qu'ils soient considérés comme meubles garnissants. Cette interprétation serait, dit-on, celle qui était admise dans l'ancien Droit ; Pothier, commentant le texte des Coutumes de Paris et d'Orléans, employait indifféremment comme expressions synonymes « meubles garnissants » et « meubles étant dans ladite ferme ou maison ». Or, le Code a reproduit les formules de Pothier. Pourquoi attribuer à la formule dont il se sert un sens différent de celui admis par Pothier ? Au surplus, ajoute-t-on, le sens extensif que cette opinion donne à l'expression qui nous occupe cadrerait parfaitement avec le but poursuivi par le législateur : le vœu de la loi n'est-il pas, en effet, de donner au bailleur une garantie aussi complète que possible ? Du

reste, en restreignant l'étendue du gage de ce
dernier, l'intérêt du fermier serait, par contre-
coup et par voie de conséquence, sacrifié, car le
résultat nécessaire de cette restriction serait une
invitation pour les propriétaires à exiger de
leurs fermiers une exécution plus rigoureuse de
leur contrat, un paiement plus exact de leurs
dettes de fermages. Enfin, ajoute-t-on, la preuve
que tel est bien là le sens de l'expression légale
se trouverait dans l'article 819 du Code de
procédure civile, relatif à la saisie-gagerie. Le
privilège et la saisie-gagerie ayant le même
but, doivent nécessairement s'appliquer aux
mêmes biens. Or, aux termes de l'article précité, quels sont les biens que peut saisir le
locateur? Ce sont les effets et fruits étant dans
les maisons, bâtiments ruraux et sur les
terres (1).

Cette opinion est loin d'être unanimement
admise : elle est même critiquée par la majorité
des auteurs. M. Guillouard, notamment, nous
paraît l'avoir vigoureusement réfutée en répon-
dant à la fois à l'argument historique et à
celui tiré de l'article 819 du Code de procédure
civile. Au premier point de vue, il fait à juste
titre remarquer que les textes des coutumes de

---

(1) MOURLON, *Examen critique du commentaire de*
M. Troplong, I, n° 84; PONT. I, n° 121; BAUDRY LACAN-
TINERIE, *Précis de Droit Civil*, n° 1087.

Paris et d'Orléans, tout en se servant d'expressions très larges, recevaient, en réalité, des
principaux commentateurs de l'ancien Droit, et
notamment de Brodeau, Ferrière et Pothier,
une interprétation restrictive. Suivant ces
auteurs, en effet, pour que les membres fussent grevés du privilège du bailleur, il ne
suffisait pas qu'ils se trouvassent à un titre
quelconque dans les lieux loués, ils devaient
« exploiter » la maison et la métairie louée. Et
quels étaient les meubles qui étaient censés
exploiter ? C'était, suivant l'expression du dernier des auteurs cités, ceux qui paraissaient y
être pour « y demeurer ou pour y être con-
« sommés, ou pour garnir la maison ou la
« ferme ». Le sens des termes de la coutume
se trouve donc ainsi précisé et délimité par la
doctrine ; et comme la même expression se rencontre dans l'article 2102 du Code civil, on est
conduit à admettre que « tout ce qui garnit la
ferme » n'est pas précisément « tout ce qui s'y
trouve ».

L'argument tiré de l'article 819 du Code de
procédure civile n'apparaît pas à M. Guillouard comme plus résistant. Tout d'abord,
malgré la concordance qui semble devoir exister entre deux institutions voisines comme la
saisie-gagerie et le privilège, il convient d'observer que ce texte n'est qu'un texte de procé-

dure et que ce n'est point là que réside le siège
de la matière qui nous occupe. Au surplus, ce
texte est-il si décisif? Si, en effet, à la vérité, le
premier alinéa de cet article se sert de l'expression « étant dans lesdites maisons et sur les
terres », il convient de remarquer que le troisième alinéa du même article revient à l'expression « meubles garnissant » la ferme. Est-ce
que, par là, le législateur du Code de procédure civile ne manifeste pas formellement son
intention de ne pas déroger à l'étendue du privilège, telle qu'elle est établie par l'article 2102?

Au surplus, remarque l'auteur, l'interprétation restrictive donnée par les commentateurs
est aussi équitable que juridique. S'il est juste,
en effet, de donner au bailleur un droit de gage
sur les meubles qui « exploitent » l'immeuble, il
le serait beaucoup moins de le lui accorder sur
les objets qui ne se trouvent qu'accidentellement
et par hasard dans les lieux loués. Rationnellement, le bailleur n'a pas dû compter sur ces
objets pour se payer de sa créance, le cas
échéant.

Aussi, lorsqu'il s'agit d'énoncer sur ce point
de droit son opinion, M. Guillouard s'exprime-t-il
ainsi :

« Il ne suffit pas, pour que des meubles
« soient soumis au privilège du bailleur, qu'ils
« se trouvent dans (la maison ou) la ferme

« louée, il faut encore qu'ils y jouent un rôle,
« qu'ils y remplissent une fonction, perma-
« nente ou temporaire, appropriée à la nature
« de l'immeuble loué, ou à la destination qui
« lui est donnée, et que le bailleur ait dû
« compter sur leur présence dans l'immeuble
« pour lui servir de gage » (1).

Ce principe étant posé, on considérera comme
meubles garnissants tous les objets qui se trouvent sur le bien rural loué et qui contribuent à
sa mise en valeur ; par exemple : les bestiaux, les
récoltes engrangées, les instruments nécessaires
à l'exploitation de la ferme, tels que charrues,
chevaux, voitures, machines, etc...

Il n'y a pas, du reste, à distinguer entre les
meubles qui se trouvent dans les lieux loués au
début de la location et ceux qui y ont été introduits depuis ; les uns et les autres, du moment
qu'ils « garnissent » les lieux loués, forment,
au même titre, le gage du propriétaire (2).

Peu importe également que les objets grevés
du privilège soient introduits dans l'immeuble
loué pour un temps limité ou pour une période
indéterminée : la loi n'exige pas, en effet, que
les meubles du fermier aient été introduits dans

---

(1) En ce sens. AUBRY et RAU, t. 3, parag. 261, p. 227,
texte et note 5; BAUDRY LACANTINERIE et DE LOYNES, n° 363.
COLMET DE SANTERRE, IX, n° 28 *bis*, IV.

(2) GUILLOUARD, I, n° 281 ; Alger, 31 janv, 1891, S. 1891.2.136.

le fonds loué à perpétuelle demeure : elle ne se
préoccupe que d'une chose : ces meubles
« garnissent-ils » l'immeuble ? Si oui, le privilège du bailleur les grève (1). Cette solution,
qui a été donnée par la Cour de Paris (2),
à propos des marchandises destinées à être
vendues, est vraie également en matière de bail
d'un bien rural.

Il peut arriver, et en pratique il arrive même
souvent, que les meubles se trouvant dans la
ferme louée ne sont pas la propriété du preneur, soit que celui-ci ait consenti une sous-
location, soit qu'il ait reçu, à titre autre que
celui de propriétaire, des meubles, bestiaux ou
matériel appartenant à un tiers ; dans ce cas,
le privilège du bailleur grève-t-il les meubles
qui n'appartiennent pas au fermier ? L'étude de
cette question nécessite une distinction entre
deux hypothèses : celle où les meubles appartiennent à un sous-fermier, et celle où ils sont
la propriété de tiers proprement dits.

a) *Les meubles appartiennent à un
sous-fermier.*

Il n'est pas douteux, dans ce cas — c'est un
point unanimement admis — que ces meubles

(1) BAUDRY LACANTINERIE et DE LOYNES, t. I, n° 367.
(2) 21 avril 1886, Sir. 87.2.203.

sont grevés du privilège du bailleur originaire.
Ce privilège, toutefois, n'existe que dans une
mesure restreinte, dans la mesure de l'action
directe donnée au bailleur contre le sous-
fermier, par l'article 1753 du Code civil.

A première vue, cette règle peut sembler
étrange : le propriétaire doit savoir, en effet,
que les meubles n'appartiennent pas à son
locataire. De plus, le contrat de sous-location
est, à l'égard du propriétaire, *res inter alios
acta*. Il apparaît dès lors comme peu rationnel
que le privilège soit accordé au propriétaire sur
les meubles du sous-preneur.

Cependant, en examinant de près cette solution, on constate qu'elle repose sur une base
rationnelle et juridique. Le privilège est fondé,
en effet, comme le remarque Troplong, sur
l'occupation de la ferme (ou de la maison) par
les meubles; et il importe peu, par conséquent,
que le sous-bail soit, par rapport au propriétaire, *res inter alios acta*.

Au surplus, la solution qui nous occupe
trouve une base inébranlable dans la combi-
naison de deux textes de loi: les articles 1753
du Code civil et 820 du Code de procédure
civile. Le premier de ces articles, interprété par
la jurisprudence et la doctrine, implique
l'existence d'une action personnelle directe du
propriétaire contre le sous-preneur. La Cour

de Cassation a notamment affirmé l'existence de cette action dans un arrêt du 13 janvier 1892 (1), où elle décide « qu'il résulte des
« termes de l'article précité, que les sous-
« locataires sont, vis-à-vis du propriétaire,
« bailleur originaire, dans la situation d'obligés
« personnels; qu'il suit de là que le proprié-
« taire, pour agir contre le sous-locataire, n'est
« pas réduit à exercer les droits du locataire
« principal; qu'il puise, dans le contrat de
« bail et dans le fait de l'habitation, le droit de
« le poursuivre directement. » D'autre part,
l'article 820 du Code de procédure civile permet
au bailleur de faire saisir-gager les meubles
des sous-fermiers garnissant les lieux par eux
occupés, et reconnaît ainsi implicitement que
ces meubles sont affectés au privilège du locateur, la saisie-gagerie étant le préliminaire de
l'exercice du privilège (2)

Cette solution est au surplus traditionnelle.
La loi romaine l'admettait déjà : « ...*In eam*
« *duntaxat summam invecta mea et illata tene-*
« *buntur, in quam cænaculum conduxi* » (3).

---

(1) Pand. fr. per. 1893.1.129, et note de M. Bouvier.

(2) En ce sens, Guillouard, I, n° 302; Baudry-Lac. et
de Loynes, I, n° 374; Aubry et Rau, t. III, parag. 261, p 235,
5ᵐᵉ édition, texte et note 17; Troplong, I, n° 151 *bis*; Pont.
II, n° 119; Thézard. n° 345. Cass. 2 Avril 1806, Sir, chr.
II, I, 231.

(3) L. 11, § 5, Dig. De Pignerat, act. XIII, 7.

Et Ferrière nous apprend que c'était aussi la
solution de l'ancien Droit : « Le propriétaire,
« dit-il, a pareil privilège, tant sur les meubles
« du second locataire que sur ceux du premier,
« c'est-à-dire que, si le locataire a rétrocédé son
« bail à un autre, le propriétaire aura le même
« privilège sur les meubles de celui à qui la
« rétrocession a été faite : la raison est que le
« privilège est fondé sur l'occupation des meu-
« bles; aussi, il n'importe que le second loca-
« taire n'ait point contracté avec le propriétaire;
« ses meubles ne laissent pas de lui être
« obligés et hypothéqués parce qu'ils occupent
« sa maison » (1).

Il résulte donc des deux textes que nous
venons de citer que les meubles du sous-fermier
sont atteints par le privilège du bailleur; mais
ils ne le sont, comme nous l'avons dit en tête
de notre paragraphe, que dans la mesure et
avec la limitation qu'indique l'article 1753. Le
privilège, en effet, a pour base l'action directe
et il ne saurait avoir plus d'étendue qu'elle. De
là, il suit que, lorsque le sous-fermier a payé
sans fraude ses fermages au fermier principal,
le privilège disparaît, comme du reste l'action
directe. Ces solutions rationnelles sont com-
mandées par les dispositions mêmes sus-rap-

(1) Comp. des comment. sur la Coutume de Paris. Sur
l'art. 171, n° 29.

pelées : l'article 1753 limite, en effet, l'obligation du sous-preneur envers le propriétaire au « prix de la sous-location, dont il peut être « débiteur au moment de la saisie », et l'article 820 du Code de procédure civile lui permet d'obtenir main-levée de la saisie-gagerie en justifiant qu'il a payé sans fraude (1).

Afin de prévenir les collusions entre le fermier principal et le sous-fermier, la loi considère comme non avenus les paiements que le sous-fermier aurait faits par anticipation (art. 1753 Code civil et 820 Code proc. civ.). Elle permet cependant d'opposer au propriétaire les paiements effectués avant l'échéance, soit en vertu d'une clause de bail, soit en conséquence de l'usage des lieux.

Cette limitation du privilège au prix de la sous-location, due au moment de la saisie, n'existe, observons-le, que lorsqu'on est en présence d'une sous-location régulière et valable. Si, au contraire, la sous-location a eu lieu au mépris d'une interdiction stipulée par le bail et à l'insu du bailleur, elle n'est pas opposable à ce dernier, qui, dans ce cas, aurait sur les meubles du sous-fermier des droits identiques à ceux qu'il avait sur les meubles de son locataire direct. Comme le dit très

---

(1) GUILLOUARD, loc. cit., n° 303 ; BAUDRY-LACANTINERIE et DE LOYNES, I, n° 374 ; Toulousé, 5 février 1845, S. 45.2.279.

bien M. Guillouard, « ce que l'article 1753
« prévoit et règlemente (et aussi peut-on ajouter
« l'article 820 du Code de procédure civile) ce
« sont les effets d'une stipulation licite, auto-
« risée ou du moins non défendue par le bail
« primitif; mais lorsque le bailleur a pris soin
« de défendre la sous-location, peut-être dans
« le but d'échapper à la limitation du gage
« prévu dans l'article 1753, cette sous-location
« ne lui est opposable dans aucune de ses
« conséquences » (1).

Ce principe étant admis que les meubles du
sous-fermier ne sont obligés que jusqu'à con-
currence du prix de sous-location dû lors de la
saisie, on est amené à se demander si le privilège du propriétaire subsiste dans le cas où la
sous-location est consentie gratuitement par le
fermier principal.

Nos anciens auteurs, Barthole, Basnage et
Domat, qui paraissent s'être assez préoccupés
de la question, affranchissaient complètement
le sous-locataire. Mais, bien que cette solution
paraisse résulter rigoureusement des principes,
nous croyons devoir, sur ce point, suivre, avec
la majorité de nos auteurs modernes, l'avis

---

(1) GUILLOUARD, loc. cit. n° 304; BAUDRY-LACANTINERIE et
DE LOYNES, n° 375; AUBRY et RAU, loc. cit. p. 235, texte et
note 17; Req. 11 avril 1892, SIREY, 92.1.433, et la note de
M. LABBÉ, D. 92.1.345, et la note de M. DE LOYNES.

contraire professé par Pothier (1), et décider
que le propriétaire pourra exercer son privilège
sur les meubles du sous-fermier à proportion
de la partie sous-louée, toutes les fois du moins
que la sous-location gratuite aura une importance réelle, soit quant à la durée, soit quant à
l'étendue des lieux occupés. La doctrine contraire donnerait passage à la fraude et condui-
rait, en effet, dans certains cas, à la négation
même du privilège du propriétaire (2).

Il suit, de ce qui précède, que les meubles du
sous-fermier se trouvent grevés de deux privilèges, celui du bailleur primitif, dans les conditions et proportions que nous venons de déterminer, et celui du locataire principal, qui
trouve, dans ce privilège propre (voir plus
haut, chapitre II et arg' art. 819 Cod. proc.
civ.), la garantie du prix de la sous-location. Si
ces deux privilèges viennent en concours, celui
du propriétaire viendra en première ligne, et
ce qui, par suite de l'exercice de ce privilège,
sera payé au propriétaire, sera déduit du prix
de la sous-location due au locataire principal.

A l'hypothèse de la sous-location nous assi-
milerons celle de la cession par le fermier de
son droit au bail. Sous certains aspects, dans

---

(1) POTHIER, *Louage*, n° 236.
(2) PERSIL, art. 2102, parag. 1, n° 11 ; DELVINCOURT, t. III,
p. 274; PONT., n° 119.

l'examen desquels nous n'avons à entrer ici, le contrat de cession. qui procède de la *vente* peut différer du contrat de sous-location qui n'est qu'un *second bail* s'ajoutant au bail primitif ; mais, dans le cas d'une cession, on s'accorde généralement à reconnaîire que le bailleur originaire a une action directe contre le cessionnaire du droit au bail, identique à l'action directe accordée contre le sous-preneur. Cette action directe doit être, à notre sens, dans un cas comme dans l'autre, garantie par le même privilège sur les meubles garnissant d'une manière identique les lieux loués.

b) *Les immeubles sont la propriété de tiers.*

Cette hypothèse diffère de la précédente (celle de la sous location) en ce que le propriétaire n'a pas cessé de se trouver en présence du fermier primitif : ce dernier continue d'occuper la terme louée. Mais il y a introduit pour la garnir des objets qui appartiennent à des tiers et qui ne lui ont été confiés qu'à titre précaire, par exemple à titre de prêt, de louage ou de nantissement, etc... La question se pose de savoir si ces meubles vont se trouver atteints, en même temps que ceux du fermier, par le privilège du bailleur.

Il semble que, rationnellement, la négative

doive être admise. On conçoit difficilement que
le bailleur puisse saisir et faire vendre, à titre de
garantie de sa créance, les meubles de personnes
avec qui il n'a pas traité, avec lesquelles il n'a
aucun lien de droit. L'article 2093 du Code civil
ne limite-t-il pas d'ailleurs aux seuls biens du
débiteur le gage commun de ses créanciers ? Au
surplus, le privilège qui nous occupe repose sur
un gage tacite, et comment admettre que le
preneur ait pu constituer un gage sur une chose
qui ne lui appartenait pas ? (1)

Historiquement, nous trouvons que dans l'ancien Droit, dans Pothier notamment, l'existence
du privilège dans notre hypothèse était admise ;
et Pothier, que la justification de cette solution
paraît préoccuper, la trouve dans le consentement présumé du propriétaire des meubles
confiés au preneur.

Dans notre Droit moderne, il n'est pas
douteux que la même solution doive être donnée.
La doctrine et la jurisprudence reconnaissent
au bailleur de la ferme le droit d'exercer le privi-

---

(1) V. Pont, n° 122 ; LAURENT, t. 29, n° 417.
(2) AUBRY et RAU, par. 261, p. 235 ; GUILLOUARD, I. 282.
BAUDRY-LACANTINERIE et DE LOYNES, I. 377 ; DEMANTE et
COLMET DE SANTERRE, IX, 28 bis, VII ; LAURENT, XXIX, 417 ;
THÉZARD, 344 ; Paris, 26 Mai 1814, S. 15, 2, 227 ; Civ. Rej. 8
août 1815, S. 20, 1 469 ; Grenoble, 4 août 1832, S. 33, 2, 74 ;
Douai, 19 février 1848, S. 48, 2, 743 ; Rej. 17 Mars 1873,
S. 73, 1, 122, D. 74, 1, 142 ; Dijon, 10 Mai 1893, D. 93, 2, 479 ;
Trib. Grenoble, 23 février 1886.

lège de l'article 2102, alors même que les meubles garnissants n'appartiennent pas au fermier (2) ; et il est admis qu'il n'y a pas lieu de distinguer en vertu de quel acte ou de quel texte le fermier a placé les meubles sur la propriété louée : peu importe qu'il en soit lui-même nanti comme créancier gagiste, comme dépositaire, comme emprunteur ou comme locataire.

Mais si le principe est unanimement reconnu, il existe sur sa justification juridique, et sur les exceptions qu'il comporte, certaines divergences de doctrine.

Tout d'abord, sur quelles raisons de droit se fonde cette solution ?

Suivant les uns, il y en aurait deux : c'est que d'une part, le propriétaire a dû croire que tous les meubles apportés dans sa ferme appartenaient à son locataire, et que, d'autre part, le propriétaire réel des meubles a tacitement consenti à ce qu'ils fussent affectés au privilège du bailleur (1).

D'après Duranton (2), ce qu'il y a de mieux à dire, c'est qu'il y a faute ou imprudence de la part du propriétaire des objets mobiliers de les avoir confiés à un locataire de la solvabilité duquel il n'était pas certain.

M. Laurent critique cette raison et estime

(1) Pont, n° 122.
(2) T. 19, n° 86, p. 112.

que l'imprudence du propriétaire des meubles ne peut pas autoriser le locataire à engager, pour le paiement de ses fermages, des choses qui ne lui appartiennent pas, et il lui apparaît que l'article 2279 fournit un motif plus juridique (1). « Celui, dit-il, qui possède un objet à « titre de propriétaire en acquiert la propriété « s'il est de bonne foi. Si l'on peut acquérir *la* « *propriété* d'un objet mobilier par la possession de bonne foi, on peut aussi acquérir un « *droit réel* sur un objet mobilier que l'on « possède de bonne foi ; or, le bailleur a un « droit réel sur les objets qui garnissent les « lieux loués ; il l'a à titre de gage, donc parce « qu'il possède, car il n'y a pas de gage sans « possession. C'est le preneur qui les soumet « à ce gage, en les recevant chez lui ; peu importe qu'il ne soit pas propriétaire, car la « propriété des objets mobiliers est acquise à « l'acquéreur, quand même le vendeur n'en a « pas la propriété ; de même le bailleur acquiert « son droit réel sur les meubles qu'il possède, « par l'intermédiaire du preneur, quoique celui-« ci n'en soit pas propriétaire ; il suffit que le « bailleur les possède de bonne foi. Dans cette « théorie, il est indifférent que le preneur sache « que les meubles ne lui appartiennent pas ; il

(1) T. 29, n° 417, p. 453.

4

« est encore plus indifférent que le propriétaire
« des objets mobiliers ait une action en resti-
« tution, et il n'est pas nécessaire de présumer,
« avec Pothier, qu'il consent à ce que les meu-
« bles servent de gage au bailleur ; car ce n'est
« pas le propriétaire des effets mobiliers qui les
« donne en gage, c'est le preneur ; tout se
« passe entre celui-ci et le bailleur de l'immeu-
« ble ; et dans ces rapports, on peut appliquer
« le principe qu'en fait de meubles, possession
« vaut titre. »

Nous sommes, en ce qui nous concerne, assez
enclin à nous rallier à cette doctrine, ajoutant
toutefois, qu'en dehors de la règle de l'article
2279, nous croyons qu'il y a lieu de prendre
en considération, d'une part, la généralité des
termes de l'article 2102-1°, qui ne fait aucune
distinction lorsqu'il parle de tout ce qui garnit
la ferme louée, et d'autre part, cette circonstance que le propriétaire a dû raisonnablement
croire que les meubles introduits par le locataire
dans l'immeuble étaient sa propriété (1).

Quant à la jurisprudence, il suffit de parcou-
rir ses arrêts pour se rendre compte qu'elle se
préoccupe fort peu de justifier le principe qu'elle
applique : elle l'affirme comme une chose qui

(1) GUILLOUARD, I n° 282 ; BAUDRY-LACANTINERIE et DE
LOYNES I, n° 377.

va de soi, et généralement se borne là (1).

De ce que l'extension du privilège du bailleur aux meubles des tiers repose sur la règle de l'article 2279, nous tirons une conséquence, admise également en doctrine et en jurisprudence : c'est que, pour invoquer cette extension, le bailleur de la ferme devra être de bonne foi. La maxime « en fait de meubles, possession « vaut titre » ne peut en effet être invoquée que par un possesseur « de bonne foi ». Or, quand sera-t-il possible de dire ici, que le bailleur de la ferme sera de mauvaise foi ? La mauvaise foi consistera dans la connaissance, par le bailleur, que les meubles garnissant sa ferme n'appartenaient pas à son fermier et que le propriétaire de ces meubles ne consentait pas à ce que ces meubles lui servissent de gage (2).

Cette solution, qui repose sur les principes généraux de la possession, est commandée aussi par le texte de l'article 2102-4° qui, supposant un conflit entre le privilège du vendeur d'effets mobiliers non payés et le privilège du locateur, donne la préférence au premier, « lorsqu'il est prouvé que le propriétaire avait connaissance « que les meubles et autres objets garnissant

---

(1) V. not. 9 août 1815; S. et PAL. Chr. Alger, 31 Janvier 1891. S. 91.2.136.

(2) GUILLOUARD, n° 284 ; BAUDRY-LACANTINERIE et DE LOYNES, n° 377 ; Cass. 3 janvier 1883, S. 83.1.360 ; Aix, 30 mars 1865, S. 65.2.233.

« sa ferme n'appartenaient pas au locataire ». L'article 1813 donne, d'autre part, une solution identique pour le cheptel fourni par autrui.

La nécessité de la bonne foi étant admise, il s'agit de rechercher maintenant à quel moment elle doit exister. Nous pensons à cet égard qu'il suffit qu'elle existe au moment de l'introduction des meubles dans la ferme louée. A ce moment là en effet le privilège s'imprime sur les meubles, et la révélation faite ultérieurement au bailleur, que ces meubles ne sont pas la propriété du preneur, ne saurait faire obstacle à l'exercice du privilège, pas plus que le droit acquis à un acheteur de bonne foi mis en possession, ne périrait lorsque sa bonne foi vient à cesser (1). C'est en ce sens qu'il a été jugé que la vente faite par un fermier des animaux servant à l'exploitation de la ferme, s'il les conserve à titre de cheptel, sans qu'ils aient été déplacés, ne saurait nuire au locateur, malgré la notification du cheptel qui pourrait être faite postérieurement (2).

Un auteur cependant, tout en adoptant, sur la question que nous étudions, le principe admis

(1) GUILLOUARD, n° 285; BAUDRY-LACANTINERIE et DE LOYNES, n° 378; AUBRY et RAU, p. 236; LAURENT, XXIX, 419; THÉZARD, n° 344; Trib. Seine 11 novembre 1897, Journal Le Droit du 5 février 1898.

(2) Trib. civ. Laon, 31 janvier 1894, Gaz. Trib., 14-15 mai 1894.

par tous, y apporte, dans l'intérêt du tiers propriétaire de meubles, une importante restriction ;
il estime trop rigoureux et peu équitable pour
ce tiers, de considérer ces meubles comme
engagés pour l'intégralité des obligations résultant du bail, et il admet que ce tiers pourrait,
au cours de la location, reprendre ses meubles,
en offrant au propriétaire le paiement des fermages échus et d'un terme à échoir, sauf au
propriétaire à agir en résiliation, conformément
à l'article 1766 du Code civil, si la ferme ne se
trouve plus suffisamment garnie de meubles ou
de matériel d'exploitation (1).

Nous croyons, avec M. Guillouard, qu'il
convient de rejeter ce tempérament et de décider
que le mobilier d'autrui, devenu le gage du
propriétaire de bonne foi, doit répondre des
fermages échus et à échoir, de la même manière
et avec la même étendue que les meubles du
fermier. Là où l'article 2102-1° ne distingue pas, on ne saurait, en effet, sans tomber
dans l'arbitraire, formuler de distinction.

Au surplus, ajoute M. Guillouard, cette solution serait, au fond, très injuste pour le bailleur.
« Celui ci, en voyant la ferme bien garnie, ne
« s'est pas inquiété de la solvabilité du preneur,
« et l'a laissé jouir paisiblement des lieux

(1) Pont, n° 119.

« loués ; puis, quand la situation de celui-ci
« serait sur le point de devenir mauvaise, le
« propriétaire du mobilier le reprendrait en
« payant les termes échus et un terme à échoir,
« laissant ainsi le bailleur en présence d'un
« bail inexécuté et d'un immeuble dénanti, ce
« qui est inadmissible (1) ». La jurisprudence
s'est prononcée dans ce dernier sens, en matière
de bail à loyer tout au moins (2).

La bonne foi, avons-nous dit, est nécessaire
pour que le bailleur puisse invoquer son privilège ; il importe de bien préciser le sens que
nous donnons à cette formule. Nous entendons
par là que, si le bailleur est de mauvaise foi,
c'est-à-dire s'il sait, au moment ou les meubles
d'autrui sont introduits dans la ferme louée,
que ces meubles n'appartiennent pas au fermier,
son privilège ne prendra pas naissance ; et nous
pensons qu'il ne suffit pas de dire, avec
M. Guillouard, que dans ce cas le privilège
existe, mais qu'il n'est pas opposable au propriétaire des meubles.

Pour justifier cette solution, qu'il reconnaît
contestable en législation, M. Guillouard se
base sur la disposition de l'article 2102-4°, qui
déclare que le privilège du vendeur d'effets

_____

(1) GUILLOUARD, n° 285 ; AUBRY et RAU, parag. 261, p. 236,
note 23 ; LAURENT, XXIX, n° 419.
(2) Paris, 26 mai 1814, S. C. N. IV, II, 389.

mobiliers « ne s'exerce qu'après celui du pro-
« priétaire de la maison louée ou de la ferme,
« *à moins* qu'il ne soit prouvé que le proprié-
« taire avait connaissance que les meubles et
« autres objets garnissant sa maison ou sa
« ferme n'appartenaient pas au locataire » ; et
il conclut qu'il résulte de ce texte que le bailleur
peut exercer son privilège dans tous les cas,
qu'il ait ou non connu le droit des tiers ; seulement, dit-il, son privilège sera classé après
celui du vendeur dont il a connu les droits.

Cette interprétation et cette déduction ne
nous semblent pas exactes. L'alinéa 3 du n° 4
de l'article 2102 ne prévoit, en effet, qu'une
hypothèse : celle du conflit entre le privilège
du bailleur et le privilège du vendeur d'effets
mobiliers non payés, garnissant la maison
louée ou la ferme ; et, suivant que le bailleur a
eu ou non connaissance des droits de ce vendeur, il lui refuse ou lui donne la priorité de
rang. Les auteurs et même les décisions de
justice admettent ici que, lorsque le texte précité parle de la connaissance par le propriétaire
« que les meubles garnissant sa ferme n'appar-
« tenaient pas au preneur », il emploie une
formule qui ne traduit pas fidèlement la pensée
du législateur : il ne peut évidemment s'agir
que de la connaissance des droits de privilège
du vendeur non payé ; cette circonstance qu'il

s'agit d'un vendeur suppose nécessairement que
le locataire est bien devenu propriétaire, et qu'il
ne peut s'agir d'un droit de propriété existant
au profit de tiers.

Dans l'hypothèse que nous envisageons, au
contraire, le conflit ne se produit plus entre
deux privilèges, mais entre un droit de privilège, celui du bailleur, et un droit de propriété.
Nous pensons qu'il est impossible d'induire du
cas précédent à celui-ci. C'est, croyons-nous,
aux principes du nantissement qu'il faut recourir, puisque le privilège de l'article 2102-1°
repose sur une idée de nantissement tacite. Or,
pour qu'un gage soit constitué valablement,
existe juridiquement, il faut que le constituant
soit propriétaire de la chose donnée en gage.
Le créancier gagiste de mauvaise foi ne peut
pas invoquer sa possession, ni l'article 2279.
La logique conduit à appliquer la même règle
au locateur (1).

Le bailleur de bonne foi pourra, nous venons
de le voir, exercer son privilège sur les meubles
des tiers; au contraire, la revendication du propriétaire des meubles sera admise à l'encontre
d'un bailleur de mauvaise foi. Il importe maintenant de rechercher comment se prouvera la
bonne ou la mauvaise foi, et à qui, du bailleur

(1) Consulter sur ce point Note DE LOYNES sous Dijon,
8 janv. 94, Dal. 1895.2.17.

ou du tiers, incombera la charge de la preuve.

Les termes de l'article 2268 du Code civil nous autorisent à dire, avec l'opinion générale, que la bonne foi du bailleur doit se présumer. C'est à celui qui allègue la mauvaise foi à la prouver. Il appartient donc à celui qui voudrait, au préjudice du bailleur, revendiquer les meubles lui appartenant, d'établir la mauvaise foi du bailleur (1).

Par quels moyens cette preuve sera-t-elle faite ? Deux opinions paraissent ici s'être fait jour. Certains auteurs, M. Pont notamment (2), en décidant qu'on ne saurait, sur cette question, établir une théorie absolue, admettent que, dans certaines circonstances exceptionnelles, la connaissance du fait que le preneur n'est pas propriétaire des meubles pourra résulter des circonstances ; mais hors de ces situations d'exception, une notification régulière des droits du propriétaire des meubles, faite au bailleur, devient une nécessité.

Nous n'admettons pas cette façon de voir, parce que d'abord elle comporte nécessairement un certain arbitraire : quand en effet, une notification sera-t-elle nécessaire et quand ne le

(1) GUILLOUARD, n° 285; BAUDRY-LACANTINERIE et DE LOYNES, n° 379; COLMET DE SANTERRE, IX, n° 28 bis; THÉZARD, n° 344. En ce sens : Alger, 31 janv. 91, SIREY, 91.2.136.

(2. PONT, t. I, n° 122

sera-t-elle plus ? Et parce qu'ensuite le texte même de l'article 2102, lorsqu'il règle le conflit entre le privilège du bailleur et celui du vendeur de meubles, ne vise aucun mode spécial de preuve, lorsqu'il dit : « à moins qu'il ne soit « prouvé que le propriétaire avait connais- « sance, etc... »

Nous pensons qu'il est plus logique et plus rationnel de dire que la loi, n'ayant ici apporté aucune dérogation au droit commun, on doit admettre les diverses modes de preuves qu'il autorise, c'est-à-dire :

a) La preuve écrite que le bailleur pourra se procurer, soit en adressant une notification au bailleur (art. 1813), soit en obtenant de lui une reconnaissance écrite ;

b) L'aveu du bailleur ;

c) La délation du serment ;

d) La preuve par témoins ou par présomption ; peu importe que l'intérêt du litige dépasse ou non la valeur de cent cinquante francs ; il s'agit ici, en effet, de prouver, non pas un fait juridique, mais un simple fait.

C'est en ce sens que se prononcent aujourd'hui la plupart des auteurs (1) et la jurisprudence (2), dans les nombreuses décisions

(1) GUILLOUARD, 1, n° 287 ; AUBRY et RAU, t. 3, parag, 261, p. 236, texte et note 22 ; BAUDRY-LACANTINERIE et DE LOYNES, I, 380 ; LAURENT, XXIX, 420 ; THÉZARD, 344.

(2) Cass. 7 mars 1843, S. 43.1.285. P. 43.1.433 ; Bordeaux,

qui ont été rendues en matière de cheptel donné au fermier d'autrui.

II. — Objets servant à l'exploitation de la Ferme

A côté des objets qui garnissent les lieux loués, l'article 2102-1° mentionne, comme atteint du privilège du bailleur, « tout ce qui « sert à l'exploitation de la ferme. »

Une première question se présente tout d'abord à l'esprit : la loi a-t-elle en vue ici une classe d'objets différents de ceux que nous venons d'étudier, les meubles qui servent à l'exploitation de la ferme ne sont-ils pas en même temps des meubles garnissant; et, à cet égard, l'article 2102-1° ne renferme-t-il pas une superfétation ?

Un auteur, M. Colmet de Santerre (1), a exprimé cette opinion : « La loi nous paraît « s'exprimer surabondamment, dit-il, quant « au mobilier d'exploitation, car les objets qui « servent à l'exploitation de la ferme, charrues, « chevaux, voitures, machines sont certaine- « ment compris dans les choses qui garnissent « les lieux loués. »

16 mars 1849, S. 49.2.328; Alger, 29 décembre 1881, *Journ. Jurisp. Alger*, 1882, p. 161 ; Trib. Auxerre, 22 juill. 97, *Gaz. Pal.*, 13 nov. 97; Nancy, 31 janv. 1901, *Gaz. Pal.* du 14 juillet 1901.

(1) COMET DE SANTERRE, IX, n° 28 *bis*, IV.

Mais cet avis paraît aujourd'hui critiqué par des auteurs considérables.

MM. Baudry-Lacantinerie et de Loynes, trouvant plus rationnel de croire que la disposition légale rappelée doit avoir un sens, se demandent si la loi n'a pas eu ici en vue le cas spécial où l'immeuble loué consiste dans une propriété non bâtie (1).

M. Guillouard combat, lui aussi l'opinion émise par M. Colmet de Santerre et considère que le mobilier d'exploitation constitue bien une catégorie spéciale de meubles grevés du privilège, distincte des meubles garnissants. Il fait notamment observer que, si la loi ne s'était pas occupée spécialement de ce matériel d'exploitation, le déplacement opéré par le fermier aurait entrainé la perte du privilège, tandis que, suivant lui, la rédaction de notre article commande une autre solution et permet l'exercice du droit de gage, même après le déplacement de ce matériel.

Il convient d'ajouter que, depuis une quinzaine d'années, un certain nombre de décisions de jurisprudence ont attiré l'attention des jurisconsultes sur ce point spécial ; et c'est à propos des meubles compris sous la dénomination de « matériel d'exploitation » que s'est posée

(1) T. 1, n⁰ˢ 369 et 370.

la question de savoir si le bailleur d'un immeuble non recouvert de constructions, tel
qu'une prairie, un herbage, une terre labou-
rable louée sans corps de ferme, etc., a droit à
un privilège.

Nous avons déjà dit un mot de cette question
au chapitre précédent (1), lorsque nous avons
examiné à quelles personnes appartient le privilège qui nous occupe ; mais nous en avons
réservé l'étude approfondie, car nous estimons
que la question qui s'agite, en doctrine et en
jurisprudence, n'est pas tant de savoir si le
privilège existe, que de rechercher sur quels
biens il porte : c'est plutôt l'assiette du privilège
que son existence qui est discutée.

La difficulté se présente dans les termes suivants : le privilège du bailleur d'un fonds rural
non bâti peut-il s'étendre sur d'autres objets que
les fruits et récoltes, peut-il porter sur ce qui
sert à l'exploitation de la terre donnée à bail ?

S'il s'agit, par exemple, d'une terre labou-
rable, louée isolément, le bailleur aura-t-il pour
gage, en dehors des fruits et récoltes de l'année,
le matériel d'exploitation, tels que chevaux et
instruments aratoires? et s'il s'agit d'une prairie, affectée à l'élevage des bestiaux, sans
qu'aucune récolte y soit faite, le bailleur pourra-

(1) V. ci-dessus, p. 30.

t-il exercer son privilège sur les animaux nourris et engraissés sur sa propriété?

Certaines décisions de jurisprudence admettent la négative. La Cour de Bourges, notamment, dans un arrêt du 1er juin 1886, a statué dans les termes suivants :

« Attendu que l'article 2102 du Code civil « distingue le locateur d'immeubles ruraux « comprenant des bâtiments de ferme, du loca- « teur des mêmes immeubles sans bâtiment ; « qu'au premier il accorde un double privilège « portant, 1° sur les meubles qui garnissent la « ferme et sur tout ce qui sert à l'exploitation « rurale ; 2° qu'il limite, au contraire, le privi- « lège du second aux fruits et récoltes.

« Qu'il s'en suit que le bailleur d'un pré « d'embauche sans bâtiment de ferme, c'est-à- « dire d'un pré dont l'herbe, au lieu d'être « fauchée, est mangée sur pied par des bes- « tiaux qui y sont placés du mois d'avril au « mois d'octobre, n'a de privilège que sur la « récolte; qu'étendre ce privilège aux animaux « qui y sont placés serait violer la règle que les « privilèges sont de droit strict et de stricte « interprétation, et qu'en outre la signification « de l'expression « *garnit* » serait singuliè- « rement altérée si on l'appliquait aux bestiaux « qui pâturent dans un pré. »

« Attendu que les principes de la matière

« confirment cette stricte interprétation ; le
« mobilier de la ferme et tout ce qui sert à
« l'exploitation rurale constituent en effet la
« garantie du bailleur, en vertu du gage tacite
« qui résulte de la nature de la convention ;
« or, ce gage tacite ne saurait se rencontrer
« dans la convention de louage d'un pré d'em-
« bauche, les animaux qui y sont placés étant
« destinés à être vendus, et le locataire pouvant
« à son gré, selon son unique intérêt, à quel-
« que époque de l'année que ce soit, disposer
« de ces animaux et les déplacer (1) ».

On peut également citer, dans ce sens, un
jugement du Tribunal d'Arbois du 14 Juin
1888 (2).

Les savants annotateurs de la cinquième édition de l'ouvrage de M.M. Aubry et Rau
approuvent ces décisions (3) : « Le texte de
« l'article 2102-1°, disent-ils, n'autorise aucun
« doute : d'une part, il assimile absolument la
« *ferme* à la *maison*, et il parle à deux reprises
« des meubles qui garnissent la maison ou la
« ferme (al. 1 et 5) » ; de l'autre, il fait suivre
« ces mots de ceux-ci dans l'alinéa 1er : « et de
« tout ce qui sert à l'exploitation de la ferme ».
« Le législateur a ainsi nettement indiqué

(1) Bourges, 1er juin 1886, S. 88.2.185.
(2) SIREY, 89.2.119 ; PAL. 1889.1.606.
(3) T. 3, par. 261, page 232, note 12.

« son intention de grever du privilège non
« seulement tous les objets se trouvant dans la
« ferme elle-même, mais encore ceux qui étaient
« utiles à l'exploitation rurale dont cette ferme
« était le centre et qui se trouvaient placés en
« dehors des bâtiments. En présence d'une
« rédaction aussi claire, le privilège ne saurait
« être étendu à des cas que la loi ne prévoit
« pas... Il ne saurait l'être à l'attirail de culture
« et aux bestiaux placés sur une propriété non
« bâtie, et qui ne sauraient être considérés
« comme garnissant les lieux loués ».

Mais la Cour de Cassation repousse cette
interprétation restrictive des termes de notre
texte, et dans un premier arrêt du 22 mars
1893 (1), elle a admis, qu'en principe « le privi-
« lège conféré au bailleur sur les effets garnis-
« sant la ferme et les objets servant à son exploi-
« tation, aussi bien que sur les récoltes de
« l'année, peut, suivant les circonstances, la
« nature des objets saisis et le mode d'exploi-
« tation de l'immeuble, profiter même au
« bailleur d'une propriété non bâtie relati-
« vement au matériel et aux bestiaux qui y
« seraient attachés à demeure et affectés à
« sa mise en valeur ».

Cette solution a été depuis généralement

(1) SIREY et PAL., 1893.1. 353.

admise par les Cours et Tribunaux (1).
« Attendu en droit, dit un jugement du Tribu-
« nal de Beauvais du 4 avril 1895, que le
« privilège accordé au bailleur par l'article
« 2102-1° du Code civil, sur les effets garnis-
« sant la ferme et les objets servant à son
« exploitation, doit profiter également au
« bailleur d'une propriété non bâtie, relati-
« vement aux récoltes en meules, matériel ou
« bestiaux placés sur sa terre ; attendu que
« cette interprétation de l'article 2102 est
« confirmée par les dispositions de l'article 819
« du Code de procédure civile, aux termes
« duquel le propriétaire a le droit de saisir-gager
« les effets et fruits se trouvant, non seulement
« dans les maisons et bâtiments ruraux, mais
« aussi sur les terres ».

Le même principe a été affirmé à nouveau
par un second arrêt de la Cour suprême du
8 juillet 1901 (2).

La fréquence des décisions judiciaires sur
cette difficulté montre assez l'intérêt qu'elle
présente : en fait, les propriétaires des terres,
prés ou herbages dépourvus de bâtiments d'habitation ou d'exploitation, forment une classe
assez nombreuse.

(1) Caen, 3 avril 1894, S. et P. 94.2.312 ; Trib. de Beauvais,
4 avril 1895, S. et P. 97.2.150 ; Trib. Avesne, 22 juillet 1897,
sous Douai, 16 Février 1898, S. et P. 1899.2.5.
(2) Sirey, 1902.I.81.

Nous n'hésitons pas, en ce qui nous concerne, à nous rallier à la solution de principe donnée par la Cour Suprême ; et nous considérons en effet que c'est à cette solution que doit conduire l'étude du but que la loi s'est proposé, ainsi que celle de l'ensemble des textes relatifs à la matière.

Le législateur, en effet, ne s'est-il pas préoccupé, avant tout et par dessus tout, d'assurer une protection aussi large et aussi efficace que possible des bailleurs d'immeubles ? La législation coutumière avait élargi le cadre de la garantie assez restreinte que le Droit romain offrait au bailleur d'immeubles ruraux. Le Code civil s'est approprié dans l'article 2102-1° cette législation coutumière, et il a admis, au profit de ce bailleur, l'existence d'un privilège sur les effets mobiliers du locataire ou du fermier, à la seule condition que ces effets soient, suivant l'expression de M. Labbé : « placés et maintenus « dans les lieux loués ou en corrélation avec la « ferme pour son exploitation ».

Or, en se plaçant au point de vue du but poursuivi par le législateur, on ne saurait distinguer entre le bailleur d'un fonds rural bâti et celui d'un fonds rural non bâti. La loi présume que l'intention des parties est d'affecter à la garantie du paiement des fermages, les meubles, le matériel, l'outillage du fermier ; qu'il s'agisse

de terres louées avec bâtiments ou sans bâtiments, le matériel comme les bestiaux affectés
à l'exploitation sont un élément de crédit
pour le fermier ; ils sont pris en considération
par le bailleur, ils lui inspirent confiance.
S'il s'agit de pâturages, ils sont le seul mode
d'exploiter la terre affermée ; le bailleur les
a certainement considérés comme sa garantie
éventuelle ; ils doivent donc lui servir de gage.
Au surplus, dire dans cette hypothèse que
le privilège du bailleur doit être restreint aux
fruits et récoltes de l'année, ce serait refuser
au bailleur toute garantie, puisque le pré loué
en vue du pâturage des bestiaux ne doit pas
produire de récolte susceptible d'être vendue et
réalisée.

Si nous envisageons maintenant les textes
législatifs, nous reconnaîtrons qu'ils conduisent
à la même solution juridique. Pourquoi l'article
1766 oblige-t-il le preneur d'un héritage rural à
le garnir de bestiaux et d'ustensiles nécessaires
à son exploitation, sinon pour permettre au
bailleur d'exercer, le cas échéant, son privilège
sur ces ustensiles et ces bestiaux ? (1) L'article
2102, d'autre part, est conçu dans les termes les
plus généraux lorsqu'il déclare privilégiés « les
« loyers et fermages des immeubles ». De même

(1) GUILLOUARD, *Traité du louage*, t. 2, n° 516.

l'article 819 du Code de procédure civile dispose
« que les propriétaires de maisons ou biens
« ruraux peuvent faire saisir les effets et fruits
« étant dans lesdites maisons et bâtiments
« ruraux et sur les terres ». Enfin, la loi du 18
juillet 1889, sur le bail à colonat partiaire,
dispose (article 10) que « le bailleur exerce le
« privilège de l'article 2102 sur les meubles,
« effets, bestiaux et portion de récoltes appar-
« tenant au colon ». Nous ne voyons pas que
l'on puisse trouver dans ces textes la moindre
trace de la distinction proposée.

On a opposé — nous l'avons vu — à la
solution que nous adoptions, le texte même
de l'article 2102. Le mot « ferme » a-t-on dit,
suppose nécessairement une agglomération de
terres autour de bâtiments d'exploitation (Voir
Bourges, 1er juin 1886, précité ; Amiens, 4 décembre 1886 (S. 1887. 2. 40) ; Tribunal d'Arbois, 14 juin 1886, précité). C'est également,
nous l'avons vu, l'opinion de M.M. Aubry et
Rau, pour lesquels la signification du mot
« ferme » se trouve restreinte par celle du mot
« maison » qui le précède. Nous ne pensons
pas que cette interprétation doive être admise.
Le mot ferme n'a pas toujours le sens de terres
garnies de bâtiments. Le dictionnaire de
l'Académie définit le mot « ferme », d'une part,
la convention par laquelle un héritage est

donné à bail, et d'autre part, la chose même donnée à bail : « il se dit des métairies et autres « héritages ruraux ». Littré, dans son dictionnaire de la langue française, dit aussi que le mot « ferme » s'entend de la convention par laquelle on donne à bail un héritage, ou du domaine rural donné à ferme. La vérité est que le mot ferme est susceptible de sens assez nombreux ; et il est préférable de penser, comme le dit M. Tissier (1), que l'article 2102 prend le mot ferme dans un sens conforme au but large de protection que le législateur s'est proposé, et qu'il veut signifier par là tous les biens ruraux sans distinction.

Mais encore, objecte-t-on, le bail d'un immeuble rural sans bâtiment ne permet pas au propriétaire d'être nanti des bestiaux ou du matériel d'exploitation ; et il est de principe que le privilège de l'article 2102 suppose que le propriétaire a la possession effective des choses soumises à ce privilège. A cette objection, il est possible tout d'abord de répondre que la possession dont il est ici question n'est pas, à proprement parler, une possession effective. A cet égard, M. Labbé, dans une note insérée au Sirey (2), sous un arrêt de cassation du 14 décembre 1892, a fait observer ce qu'il y a

(1) Note sous Cass., 22 Mars 1893, précité.
(2) SIREY, 1893.1.169.

d'exagéré et de peu exact dans ces expressions
de possession effective du bailleur : « la posses-
« sion du créancier, dit-il, et par contre la
« dépossession du débiteur, est la condition du
« gage conventionnel. Pour la sûreté légale du
« bailleur elle n'est pas exigée ; elle n'est pas
« réalisée ; elle est remplacée par un équivalent.
« La possession, qui n'est pas enlevée au pre-
« neur, est remplacée par cette prescription de
« la loi que les meubles soient placés et
« maintenus dans les lieux loués ou en corréla-
« tion avec la ferme pour son exploitation ».
Dans tous les cas, en admettant qu'il s'agisse
bien d'une véritable possession effective du
bailleur, réalisée par l'intermédiaire du preneur, il n'est pas impossible de dire que, dans le
cas qui nous occupe, cette possession pourra
exister ; il sera à la fois nécessaire et suffisant
que les bestiaux ou le matériel d'exploitation
soient placés sur le fonds affermé, dans un état
de permanence et de stabilité qui permettra de
dire qu'ils « lui sont attachés à demeure et
« qu'ils sont affectés à sa mise en valeur ».

C'est en effet à cette condition, et à cette
condition seule, que nous admettons, avec
la jurisprudence, que le privilège existe dans
l'hypothèse qui nous occupe. Il sera nécessaire
qu'il existe un rapport matériel entre ces objets
et le fonds, et que ce rapport soit apparent

pour que les tiers ne soient pas trompés (1).

Cette solution à laquelle nous venons d'aboutir, en dernière analyse, va nous permettre de
prendre parti dans une question, voisine de
celle que nous venons d'examiner, et qui n'est
en quelque sorte que le développement où l'application du principe que nous venons d'admettre. Supposons qu'au lieu de se trouver placés
sur le fonds même donné à bail, les bestiaux ou
le matériel d'exploitation se trouvent placés
dans des bâtiments appartenant au fermier ou
loués par lui à des tiers. Le privilège pourra-t-il
encore s'exercer ?

La Cour de Douai, dans son arrêt du 29
juillet 1890, qui a donné lieu à la décision de
la Cour de Cassation du 22 mars 1893,
l'a admis, et la Cour suprême, dans un
arrêt du 8 juillet 1901, l'a suivie dans cette
voie. Dès lors que le matériel et les bestiaux
sont attachés à demeure à la propriété non
bâtie et affectés à sa mise en valeur, cela suffit ;
il importe peu que ce matériel ou ces bestiaux
se trouvent placés sur le fonds même affermé ;
le propriétaire peut les atteindre par son privilège, même s'ils se trouvent dans des bâtiments
appartenant au fermier ou à des tiers.

Nous avons précédemment signalé, dans le sens

---

(1) BAUDRY-LACANTINERIE et DE LOYNES, I, n° 372.

de l'opinion admise par la Cour de Cassation,
l'approbation donnée par M. Guillouard (1) à
un jugement du Tribunal civil de Gray, du
3 mars 1885 (rapporté en sous-note sous Cass.
22 mars 1893 précité). « Considérant, dit cette
« décision, qu'il n'est pas douteux que les fruits
« de l'année, lors même qu'ils ne sont plus
« placés sur le sol, qu'ils ont été engrangés
« dans la maison d'un tiers, ou même du fer-
« mier, restent affectés au privilège du pro-
« priétaire des immeubles où les récoltes de
« l'année ont été faites; qu'il en doit être de
« même de ce qui compose la troisième caté-
« gorie, c'est-à-dire de tout ce qui sert à l'ex-
« ploitation de la ferme. » Et ce jugement va
jusqu'à poser en principe, que tout ce qui sert
au développement de la richesse du fermier
doit être le gage du bailleur et tendre à aug-
menter sa sécurité. La Cour de Douai emploie
une formule analogue (2)

Nous devons reconnaître que cette doctrine
n'est pas admise sans difficulté. En face des
arrêts que nous venons de citer, nous pouvons
indiquer, en sens contraire, ceux d'Amiens,
4 décembre 1886 (Sirey, 1887.2.140; Pal.,
1887.1.715); Tribunal de Cambrai, 30 mai 1884
(Sirey, 87.2.21; Pal., 87.1.107); Tribunal

(1) T. 1, n° 295.
(2) Arrêt du 29 juillet 1890, sous Cass. 22 mars 1893 précité·

d'Arbois, 14 juin 1888, précité. La Cour de Cassation, elle-même, dans un arrêt du 14 décembre 1892 (1), décidait « que le privilège « du bailleur est subordonné à la possession « effective par le propriétaire de tout ce qui « garnit la maison louée ou la ferme et de tout « ce qui sert à l'exploitation de la ferme. »

D'autre part, la plupart des auteurs, à l'exception de M. Guillouard, se prononcent en faveur de la doctrine contraire à celle de l'arrêt du 8 juillet 1901. Jusqu'à cette décision, l'opinion presque unanime des commentateurs du Code civil avait été qu'on ne devait pas détacher, dans l'article 2102, ces mots : « tout « ce qui sert à l'exploitation de la ferme », pour frapper du privilège, d'une façon générale, tout matériel d'exploitation utilisé par le fermier, en quelque lieu qu'il soit placé. Nous avons vu que les uns (2) ne voulaient voir dans ces mots qu'une simple application de la règle posée pour les meubles qui garnissent la ferme ; les autres les considéraient comme une extension ou un développement de la règle, en ce qui concerne les objets servant à l'exploitation et placés sur les terres louées (3). Et il faut bien reconnaître

(1) S. et P., 1893.1.169 et la Note de M. LABBÉ.
(2) COLMET DE SANTERRE, t. 9. n° 28 bis, IV ; THÉZARD, n° 346 ; LAURENT, t. 29. n°s 410 et 430 ; PLANIOL, Tr. élém. de Droit civil, t 2., n° 2468.
(3) En ce sens, BAUDRY-LACANTINERIE et DE LOYNES, t. 1, n°s 362, 369 et s.

que cette opinion trouve, dans l'étude approfondie du Droit romain et de l'ancien Droit,
une base solide. De plus, les textes de l'article
2102-1⁰ *in fine* et de l'article 819 du Code de
procédure civile, viennent assez fortement corro-
borer cette interprétation traditionnelle. Il n'est
question, en effet, dans ces deux dispositions,
que d'une saisie-gagerie, pratiquée par le bailleur sur les lieux mêmes affermés. Ajoutons à
cela que l'idée de gage tacite, qui se trouve à la
base de notre institution, paraît impliquer
que le droit privilégié du bailleur ne peut
s'exercer que sur les objets se trouvant sur
le fonds affermé lui-même, et non ailleurs.

Aussi, ces considérations historiques et juridiques nous conduisent-elles à nous prononcer
en faveur de cette dernière opinion et à repousser, comme trop large, l'extension admise par
le récent arrêt de la Cour suprême.

Au surplus, nous sommes ici en matière de
privilège, où tout est de droit étroit et appelle
une interprétation restrictive.

Enfin, au point de vue de l'équité ou de
l'utilité pratique, nous ne croyons pas qu'il y
ait lieu d'admettre l'extension consacrée par la
Cour suprême. Le bailleur, qui a pour gage
les récoltes, a, en général, une sûreté suffisante ;
et, d'autre part, la doctrine que nous combat-
tons a pour inconvénient de favoriser démesu-

rément le privilège du bailleur et de faire naître des conflits de privilèges très embarrassants.

Peut-être, toutefois, y aurait-il lieu d'admettre, avec M. Albert Tissier (1), l'existence du privilège « dans le cas d'un preneur d'une « terre non bâtie qui, dans un bâtiment tout « voisin et à lui appartenant, aurait un maté-« riel d'exploitation exclusivement attaché à la « mise en valeur de la terre louée. Il y a alors « corrélation permanente et étroite; on peut « soutenir que le matériel est attaché à demeure « à la terre louée; il est ordinairement placé « sur elle pour son exploitation. Le privilège « devrait, croyons-nous, être admis dans ce « cas, comme dans celui des bestiaux élevés « sur une prairie et qui sont, de temps à autre, « logés dans les bâtiments du preneur. »

C'est la seule restriction que nous pouvons admettre à une solution qui nous paraît commandée par les règles de l'interprétation juridique.

III. — Fruits et Récoltes

Cette catégorie de biens soumis au privilège qui nous occupe est nécessairement spéciale au bail d'un bien rural. Pourquoi et dans quel but le législateur a-t-il visé d'une façon particulière

(1) Note sous Cass., 8 juillet 1901, S. 1902.1.81.

les fruits de la récolte de l'année ? Les auteurs
ne sont pas d'accord sur la réponse à faire à
cette question.

M. Laurent soutient, en termes très éner-
giques, que la loi désigne ici les fruits pendant
par branches ou par racines, pour lesquels un
doute aurait pu s'élever si elle ne s'en était
expressément expliqué, et il rejette l'interprétation, communément admise, qui voit dans ce
troisième terme de l'énumération légale une
opposition entre la récolte de l'année et celle
des années antérieures. Pour le jurisconsulte
belge, ni le texte, ni l'esprit de la loi n'autorisent cette distinction, et il assimile complètement, au point de vue du fondement du privilège, et au point de vue de ses conditions
d'exercice, la récolte de l'année et celles antérieures : dans tous les cas, c'est à titre de
meubles garnissants, et c'est à la condition
qu'elles garnissent réellement les lieux loués,
que les unes comme les autres sont soumises
au privilège.

La doctrine française, au contraire, considère
généralement que la disposition qui nous occupe a une portée plus profonde, et l'on admet
que si la loi a fait mention spéciale de la récolte
de l'année, c'est qu'elle a entendu établir, pour
le privilège grevant cette récolte, des règles
spéciales.

Sans doute, ni l'ancien Droit, ni le Droit romain ne faisaient aucune distinction entre la récolte de l'année et celles des années antérieures ; mais le texte de l'article 2102 implique que le Code civil a innové sur ce point. Il résulte, en effet, des termes de ce texte, que, pour les récoltes de l'année (comme du reste aussi pour les objets servant à l'exploitation), le privilège résulte de la seule qualité des objets sur lesquels il est conféré, tandis que, pour les autres objets, il est nécessaire qu'ils garnissent les lieux loués.

Il est du reste admis que, pour les récoltes de l'année, la base du privilège n'est pas la même que pour les meubles garnissants. Le droit du bailleur ne repose pas ici sur un nantissement tacite ou présumé, mais sur ce que « le locateur « est censé n'avoir abandonné les fruits futurs « des immeubles loués qu'à la condition du « paiement des fermages, et en avoir ainsi, en « quelque sorte, retenu la propriété (1). »

Le mot « fruits » a ici une portée tout à fait générale : le privilège s'étend à tout ce qui est récolté sur le bien affermé, les grains, les foins, le bois, les vins, etc... (2)

Les fruits non récoltés, c'est-à-dire les fruits pendant par branches ou par racines, sont

(1) AUBRY et RAU, note 13, p. 234 ; GUILLOUARD, n° 297 ; TROPLONG, I, 158 ; VALETTE, n° 94.
(2) PONT., t. 1, n° 123., p. 93 ; TROPLONG, n° 158.

soumis au privilège au même titre que les autres ; on ne saurait objecter ici le caractère immobilier que semble leur donner l'article 520 du Code civil ; ces fruits sont, en effet, envisagés ici comme devant être séparés du fonds auquel ils sont attachés, et cela est si vrai que, s'il y a lieu de les saisir, la voie d'exécution à employer sera, non pas la saisie immobilière, mais la saisie brandon de l'article 626 du Code de procédure civile, à la condition toutefois que cette saisie soit pratiquée dans la période précédant immédiatement la maturité.

En ce qui concerne les fruits récoltés, l'explication que nous avons admise plus haut, sur la raison d'être et la portée de notre disposition, conduit à décider que le privilège s'exercera, en dehors de toute idée de possession du bailleur, aussi bien lorsque ces fruits seront engrangés dans des bâtiments appartenant au fermier ou à des tiers, que lorsqu'ils le sont dans des bâtiments appartenant au bailleur : le privilège existe, en effet, dans tous les cas, que la location comprenne ou non des bâtiments (1).

Supposons que les récoltes de l'année aient

(1) GUILLOUARD, n° 298 ; AUBRY et RAU, p. 234, texte et note 14 ; BAUDRY-LACANTINERIE et DE LOYNES, I, 283 ; DEMANTE et COLMET DE SANTERRE, IX, 28 *bis*, IX ; THÉZARD, 347 ; TROPLONG, I, 159 et 165 *bis* ; PONT, I, 123 ; Poitiers, 30 décembre 1823, S. 25.4.49 ; Besançon, 11 décembre 1845, D. Sup¹ V° Priv. et Hypot., n° 80, note 1.

été engrangées dans un bâtiment appartenant à
un tiers, loué à cet effet. Un conflit va nécessairement s'élever, car les deux bailleurs, celui
des terres et celui du bâtiment, vont avoir droit
à un privilège. Lequel de ces deux privilèges
s'exercera avant l'autre ? Nous pensons, avec
M. Guillouard, que ce doit être le locateur du
bâtiment, et cela pour deux raisons : 1° en
matière mobilière, la préférence doit être accordée à celui qui peut se dire possesseur ;
2° l'article 2102-4°, alinéa 3, nous fournit un
argument en ce sens : il est permis d'assimiler
le bailleur de terres non nanti au vendeur
d'effets mobiliers non payés, que cette disposition déclare primé par le propriétaire de bonne
foi.

Notre solution suppose, bien entendu, que le
locateur du bâtiment est de bonne foi, c'est-à-
dire n'a pas été averti, par une notification ou
autrement, de l'existence du premier privilège
dont les récoltes étaient grevées, au moment de
leur introduction dans son immeuble (1).

Voisin est le cas où un preneur fait valoir en
même temps que ses propres terres, des terres
appartenant à un tiers qui les lui afferme, ou
encore celui où il tient à bail des terres appartenant à divers propriétaires. Que deviendra

(1) GUILLOUARD, n° 299.

dans cette hypothèse le privilège de ces derniers, lorsque les récoltes excrues sur leurs terres auront été déposées par le preneur dans les mêmes bâtiments ?

Le privilège, à notre avis, subsiste dans cette hypothèse, malgré la difficulté qui peut s'élever en fait sur l'étendue du privilège de chacun des propriétaires. Il appartiendra alors aux Tribunaux de résoudre cette difficulté, en tenant compte des circonstances de la cause, de l'importance des baux, de la nature des récoltes, etc... (1).

Nous devons remarquer cependant que, dans cette hypothèse, certaines décisions ont admis la perte du privilège dès que les récoltes ont perdu leur individualité, par suite de leur confusion avec celles provenant d'autres propriétés exploitées par le même fermier (2).

De ce que la loi a spécialement affecté à la garantie du bailleur les fruits de la récolte de l'année, il n'en résulte pas, nous l'avons vu, que ceux des récoltes antérieures y soient soustraits ; mais ce sera uniquement à titre de meubles garnissants, et tant qu'ils se trouveront dans les lieux loués eux-mêmes (3).

---

(1) En ce sens, AUBRY et RAU, *loc. cit.* note 14 ; GUILLOUARD, n° 300.

(2) Trib. Cambrai, 30 mai 1884, SIREY 87.2.21 : Amiens, 4 décembre 1886, SIREY 87.2.140, DALLOZ 94.1.129 en sous note.

(3) Trib. Beauvais, 4 avril 1895, SIREY 97.2.150.

Si le preneur a sous-loué le bien rural qu'il tenait à ferme, les fruits du sous-fermier seront affectés au privilège du bailleur comme l'étaient ceux du preneur, mais seulement dans la mesure de l'action directe du bailleur contre le sous-preneur. Les règles à appliquer ici sont au surplus les mêmes que pour les meubles du sous-fermier (1).

IV. — Indemnités d'Assurances et autres

Nous avons épuisé l'énumération que donne l'article 2102 des biens soumis au privilège du bailleur d'immeubles, Ces biens sont, en général, une garantie suffisante pour le créancier, lorsque le gage se réalise normalement. Mais il peut arriver qu'ils viennent à périr, que la ferme et tous les meubles et matériel qu'elle renferme soient incendiés, que les récoltes soient dévastées par la grêle, etc... Dans toutes ces hypothèses, le gage du propriétaire doit disparaître, puisque son objet n'existe plus. Si ce gage n'est remplacé par rien dans le patrimoine du preneur, il est de toute évidence qu'il y aura pour lui, et la plupart du temps pour le bailleur, une perte sèche.

Mais il se peut que le preneur ait pris la pré-

---

(1) V. Supra, p. 39 et s.; AUBRY et RAU, p. 235 ; GUILLOUARD, n° 307 ; BAUDRY-LACANTINERIE et DE LOYNES, I, 374 ; LAURENT, t. 29, n°s 426 et 427 ; DEMANTE et COLMET DE SANTERRE, IX, 28 bis, XI ; TROPLONG, I, 151 bis ; PONT. I, 119 ; MARTOU, II, 419.

caution de s'assurer contre l'incendie, contre la grêle, la mortalité du bétail, etc...; l'assurance est aujourd'hui devenue un contrat très fréquent et très commun ; il se peut aussi qu'en raison du sinistre, le preneur ait une indemnité à recevoir d'un tiers autre qu'un assureur, par exemple d'un voisin responsable des suites d'un incendie. Quels seront, dans ces divers cas, les droits du bailleur sur l'indemnité revenant au fermier ?

La question est aujourd'hui résolue, au moins en ce qui concerne les indemnités les plus usuelles, celles d'assurances et celles résultant du recours des voisins, par la loi du 19 février 1889 intitulée : « Loi relative à la restriction du privilège du bailleur d'un fonds rural et à l'attribution des indemnités dues par suite d'assurance. » Mais avant d'aborder l'étude de cette loi et des difficultés qu'elle a soulevées, il est indispensable de jeter un coup d'œil sur la législation antérieure.

a) *Régime du Code civil*

Bien qu'il y ait en jurisprudence, et même pami les auteurs, quelques dissidences, on décidait à peu près unaninement que la perte de la chose grevée du privilège entraînait irrémédiablement celle de ce privilège, et que le bailleur n'avait aucun droit spécial sur l'indemnité due à son fermier : cette indemnité revenait aux créanciers chirographaires entre lesquels elle était distribuée au marc le franc.

Cette solution était commandée par les principes généraux du droit. Le droit réel du bailleur ne pouvait pas et ne devait pas logiquement survivre à son objet. D'un autre côté, l'indemnité d'assurance était due au preneur non pas à raison du bien lui-même, *ex re ipsa ;* elle n'était pas comme le prix, la représentation de la valeur assurée, mais une somme due par l'assureur, en vertu d'un contrat aléatoire, et à titre de contre-valeur des primes payées par l'assuré. Quant aux indemnités dues par le locataire ou par le voisin, elles étaient dues, la première en vertu du contrat de louage, et la seconde en vertu de l'article 1382 du Code civil. Il n'était donc pas possible, logiquement, de reporter sur ces indemnités le droit réel du créancier, du bailleur (1).

Ce résultat, si logique qu'il fût, blessait néanmoins l'équité et était contraire au but du privilège.

Il est incontestable, en effet, que dans le patrimoine du débiteur, l'indemnité apparaissait comme la représentation de l'objet sinistré,

(1) V. cep. en sens contraire, DARRAS ET TARBOURIECH : *De l'attribution en cas de sinistre des indemnités d'assurances et des autres indemnités,* n° 22, 1 broch., Paris, Rousseau, 1890.

dont elle venait prendre la place, et, d'un autre côté, il était choquant de voir les créanciers chirographaires profiter des sommes sur lesquelles ils ne devaient pas compter, au détriment des autres créanciers qui n'avaient vraisemblablement traité avec le débiteur qu'en considération de la garantie promise.

Aussi la pratique remédiait-elle à cet inconvénient au moyen d'une subrogation ou d'une délégation. Le preneur cédait éventuellement, pour le cas de sinistre, les indemnités auxquelles il pourrait avoir droit à son bailleur, et le droit de ce dernier était rendu définitif au moyen d'une signification faite, conformément à l'article 1690 du Code civil, à la compagnie d'assurances.

Mais ce système ne constituait pas dans tous les cas un remède suffisant et depuis longtemps une réforme de législation était demandée et attendue.

Dès 1850, le projet de réforme de notre régime hypothécaire, élaboré par l'Assemblée législative, contenait une modification de législation sur le point qui nous occupe. Ce projet n'aboutit pas. Mais la réforme fut admise partiellement au profit des porteurs de récépissés et de warrants sur marchandises déposées dans des magasins généraux, par une loi du 28 mai 1858, et en matière d'hypothèque maritime par la loi du 10 décembre 1874.

Entre temps, la même réforme avait été accomplie, d'une façon plus générale, en Belgique par l'art. 10 de la loi du 16 décembre 1851, pour le cas où l'indemnité ne serait pas employée à la réparation de l'objet assuré.

Elle ne le fut en France que par la loi précitée du 19 février 1889, dont nous avons à étudier l'origine et à apprécier les dispositions, au point de vue des droits du bailleur.

b) *Régime de la loi du 19 février 1889.*

Cette loi tire son origine d'un projet bien plus vaste qui avait pour but l'organisation du crédit agricole. Il comprenait deux dispositions principales : l'une concernant le prêt sur gage mobilier sans déplacement, l'autre l'assimilation, quant à la compétence, des billets à ordre souscrits par les agriculteurs, à ceux souscrits par les commerçants.

Mais, ni l'une ni l'autre de ces dispositions primitives du projet ne fut votée. Par contre, le Parlement adopta la loi qui nous occupe. Cette loi se compose de deux parties tout à fait distinctes : l'article 1er, se rattachant à l'idée du projet primitif, c'est-à-dire à l'organisation du crédit mobilier agricole, restreint le privilège du bailleur d'un fonds rural ; nous le retrouverons dans le chapitre suivant ; quant aux articles 2, 3 et 4, ils règlent la question que nous étudions, c'est-à-dire, l'attribution des indemnités d'assurances.

Voici le texte de ces trois articles :

« Article 2. — Les indemnités dues par suite
« d'assurances contre l'incendie, la grêle, contre
« la mortalité des bestiaux ou les autres
« risques, sont attribuées, sans qu'il soit besoin
« de délégation expresse, aux créanciers privi-
« légiés ou hypothécaires suivant leur rang.
« Néanmoins, les paiements faits de bonne foi
« avant opposition sont valables.

« Article 3. — Il en est de même des indem-
« nités dues en cas de sinistre par le locataire
« ou par le voisin, par application des articles
« 1733 et 1382 du Code civil.

« En cas d'assurance du risque locatif ou du
« recours du voisin, l'assuré ou ses ayants-droit
« ne pourront toucher tout ou partie de l'indem-
« nité, sans que le propriétaire de l'objet loué,
« le voisin ou le tiers, subrogé à leurs droits,
« aient été désintéressés des conséquences du
« sinistre.

« Article 4. — Les dispositions de l'article 2
« ne préjudicieront pas aux droits des intéressés,
« dans le cas où l'indemnité aurait fait l'objet
« d'une cession éventuelle à un tiers, par un
« acte ayant date certaine au jour où la présente
« loi sera exécutoire, à la condition toutefois
« que le transport, s'il n'a pas été notifié anté-

« rieurement, en conformité de l'article 1690
« du Code civil, le soit au plus tard dans le
« mois qui suivra. »

L'étude de cette loi, dont les dispositions
sont, on le voit, des plus générales et s'appli-
quent à tous les créanciers hypothécaires ou
privilégiés, ne nous intéresse ici que pour le
bailleur ; c'est à ce point de vue seul que nous
l'envisagerons.

Tout d'abord, quels sont les droits nouveaux
que la loi confère au bailleur ? ou si l'on veut,
sur quels objets la loi nouvelle lui permet-elle
d'exercer son droit de privilège ?

Le texte nouveau a pour effet, en premier
lieu, de transporter sur l'indemnité d'assurance
due au fermier, pour perte de son mobilier ou de
ses récoltes, le droit privilégié du propriétaire, et
cela sans qu'il soit besoin de délégation expresse.

De plus si, à raison du sinistre, le preneur
a, en vertu de l'article 1733 ou de l'article 1382,
une action en indemnité soit contre un sous-
locataire, soit contre un voisin, le privilège
s'exercera sur cette indemnité.

Enfin, en cas d'assurance du risque locatif, le
bailleur ou le tiers subrogé à ses droits, doivent
être désintéressés des conséquences du sinistre
avant que l'assuré ou ses ayants-cause puissent
toucher tout ou partie de l'indemnité (1).

---

(1) AUBRY et RAU, *loc. cit.*, p. 229 et s., texte et notes 11 et s.

Nous accordons, on le voit, sans difficulté un droit privilégié au bailleur sur l'ensemble des indemnités qui peuvent être dues au fermier, soit à raison d'une assurance contractée pour le mobilier, les bestiaux ou les récoltes, soit à raison du recours du voisin ou du risque locatif, soit à raison d'une assurance contractée pour ce recours ou ce risque. C'est du reste l'opinion qui prévaut en doctrine (1) et qui est admise par la jurisprudence (2).

Cependant, dans une note insérée au Dalloz sous l'arrêt de Lyon du 25 février 1892, M. le professeur Planiol s'est séparé de l'opinion commune. Suivant lui, le bailleur ne trouverait dans la loi du 19 février 1889 d'autre droit que celui consacré par l'article 3 paragraphe 2 ; or, ce paragraphe étant uniquement relatif à l'assurance du risque locatif du preneur, ou à celle du recours des voisins, c'est seulement sur les indemnités dues à ce titre que le bailleur pourrait prétendre à un droit privilégié. D'après M. Planiol, le législateur n'aurait visé dans le texte de loi que des indemnités représentant la valeur des propriétés immobilières

---

(1) AUBRY et RAU, *eod. loc. ;* GUILLOUARD, n° 165, III ; BAUDRY-LACANTINERIE et DE LOYNES, n° 387. DARRAS et TARBOURIECH, *loc. cit.* n°s 27 et 28.

(2) Lyon, 25 février 1892, DALLOZ, 1892.2.393 ; Paris, 2 août 1897, D. 1898.2.141 ; Bordeaux, 21 décembre 1895. *Gaz. Pal.* du 28 mars 1896 ; CONTRA : Trib. comm. Seine, 13 juin 1895, *Gaz. Trib.*, 17 juillet 1895.

appartenant au bailleur ou aux voisins, et
vouloir donner au bailleur un droit privilégié
sur des indemnités d'une autre nature, serait
étendre abusivement d'un genre d'assurances à
un autre, la disposition de la loi.

M. Guillouard, en prenant la défense de
l'arrêt de Lyon précité, nous paraît avoir
victorieusement réfuté la doctrine de M. Planiol.

Il fait remarquer d'abord que, si l'article 3
paragraphe 2 ne fait allusion qu'au droit du
bailleur sur l'indemnité d'assurance du risque
locatif, l'article 2 semble au contraire légitimer
la solution de l'arrêt en faveur du bailleur :
« les indemnités dues par suite d'assurances
« contre l'incendie, dit ce texte, contre la grêle,
« contre la mortalité des bestiaux ou les autres
« risques, sont attribuées, sans qu'il y ait besoin
« de délégation expresse, aux créanciers privi-
« légiés ou hypothécaires suivant leur rang ».
Cette disposition donne à tout créancier privilégié ou hypothécaire, sans distinguer entre
les privilèges mobiliers ou immobiliers, un
droit à l'indemnité d'assurance ; et du reste,
l'assurance contre la mortalité des bestiaux
prévue au texte ne peut donner lieu qu'à
un privilège mobilier, sauf le cas d'immo-
bilisation par destination. — En second
lieu, les travaux préparatoires prévoient
formellement l'application de l'article 2 aux

privilèges sur les meubles ; M. Labiche dit en
effet, dans son rapport supplémentaire au Sénat
du 6 décembre 1887 : « Cette disposition, abso-
« lument conforme à l'équité, est de nature à
« favoriser le crédit mobilier ». — Enfin,
M. Guillouard fait observer qu'au point de vue
de l'équité il n'y a nullement à distinguer entre
les différentes catégories de privilèges : qu'il
s'agisse de meubles ou d'immeubles, il est juste
que l'indemnité d'assurance soit distribuée
comme le prix de l'objet sur lequel porte le
privilège.

L'objet du droit nouveau conféré au bailleur
étant ainsi déterminé, il importe d'en préciser
la portée, ou, si l'on veut, la nature et le caractère juridique ; et cette question se pose, à notre
avis, aussi bien lorsqu'il s'agit de l'indemnité
d'assurance du risque locatif, que des autres
indemnités pouvant être dues au preneur. Le
bailleur n'a-t-il qu'une action indirecte, ou bien
puise-t-il, dans la loi nouvelle, une action
directe de son propre chef ?

Plusieurs systèmes sont en présence :

1° Certains commentateurs, prenant le texte
nouveau dans son acception la plus littérale, et
l'interprétant restrictivement, admettent que la
loi nouvelle n'organise qu'une sorte de *droit
de rétention* exercé par la Compagnie d'assurance au profit du propriétaire : pas d'action

spéciale, pas de doit de préférence pour ce dernier. Le propriétaire serait protégé par ce fait
que le locataire ou ses créanciers ne peuvent
pas toucher la moindre parcelle d'indemnité à
son détriment (1). Les partisans de ce système
reconnaissent qu'il peut aboutir dans certaines
hypothèses, notamment dans celle où le preneur
refuse à son bailleur une délégation amiable,
à d'insolubles difficultés et à d'inextricables
conflits.

2° D'autres auteurs admettent que la loi
nouvelle a établi, sinon un privilège nouveau,
tout au moins une sorte de droit de préférence
au profit du bailleur, et ce droit de préférence
lui permettrait de pratiquer efficacement une
saisie-arrêt entre les mains de l'assureur et de se
faire attribuer, avant tout autre, le montant de
la créance.

3° Un arrêt de la Cour de Nancy, du 13 mai
1893, a consacré une autre solution que la doctrine récente paraît suivre et qui consiste à
donner au bailleur une action directe contre la
Compagnie d'assurance, une action propre et
indépendante de celle de l'assuré. « Avec cette
« idée, dit un auteur qui approuve le sens de
« l'arrêt, on doit admettre que le propriétaire

---

(1) En ce sens, ESCORBIAC. *Comment. dans les lois nou-
velles*, 1889, 1ʳᵉ partie, p. 417; FELTIN, *Droit des créanciers*,
Thèse 1893.

« se trouve créancier à peu près dans les mêmes
« conditions que si le contrat d'assurances con-
« tenait une stipulation en sa faveur : la loi
« sous-entend, dans le contrat, une stipulation
« pour autrui en vertu de laquelle le proprié-
« taire sera armé d'un droit propre contre
« l'assureur (1). »

· Cette interprétation, si hardie qu'elle puisse
paraître, nous semble préférable aux précédentes.

D'abord la loi nouvelle, en parlant d'attribution aux créanciers privilégiés des indemnités
d'assurances, laisse entendre qu'elle veut créer
un droit propre, une action directe sur ces
indemnités. Ensuite, le texte même de l'article
3 paraît favorable à cette solution : en disposant
que les assurés ou leurs ayants droit ne pourront toucher tout au partie de l'indemnité *sans
que le propriétaire de l'objet loué ait été désin-
téressé des conséquences du sinistre,* il paraît
bien indiquer que l'indemnité d'assurance
appartient d'abord au bailleur, et qu'elle n'appartient à l'assuré qu'après qu'il a été désinté-
ressé. Enfin, les travaux préparatoires semblent
devoir faire approuver cette interprétation.
M. Maunoury, dans son rapport à la Chambre
des Députés, s'est, en effet, exprimé de la façon

(1) Note de M. Marcel MONGIN, sous Nancy précité, Pand.
pér. 1895.2.33.

suivante : « Lorsque le locataire (et le voisin)
« se sont fait assurer pour le montant de l'in-
« demnité qui pourra leur être réclamée par le
« propriétaire incendié, il est clair que le droit
« de réclamer le versement à leur profit de cette
« indemnité ne naîtra que lorsqu'ils l'auront
« payée au propriétaire, car c'est contre le
« risque de ce paiement qu'ils ont contracté
« l'assurance. »

Il ressort de là, très nettement, que le droit à
l'indemnité n'est qu'un droit subsidiaire pour
l'assuré, droit qui ne naît, dans le système de
la loi nouvelle, qu'après que le propriétaire (ou
le voisin) ont été désintéressés.

*Indemnités autres que les indemnités d'assu-
rances*. — Il arrive parfois que le fermier est
amené, par suite de circonstances diverses, à
percevoir des indemnités autres que celles dont
il vient d'être question : ainsi, la loi du 21
juillet 1881, après avoir autorisé l'abattage, par
mesure sanitaire, des animaux atteints de certaines maladies contagieuses, attribue au propriétaire de ces animaux des indemnités qui
peuvent s'élever jusqu'à la totalité de leur
valeur (1); ainsi, encore, une indemnité est
allouée au fermier au cas où sa récolte est
endommagée ou détruite par des manœuvres

---

(1) V. art. 17 et suivants.

de troupes (1); de même encore, le locataire a droit, au cas d'expropriation pour cause d'utilité publique, à une indemnité pour privation de jouissance (2). Ces diverses indemnités sont-elles grevées du privilège de l'article 2102 ?

Dans l'hypothèse de l'application de la loi du 21 juillet 1881, il serait équitable que l'affirmative pût être admise : la somme allouée ne remplace-t-elle pas, en effet, dans le patrimoine du fermier, les animaux qui constituaient le gage du propriétaire? Aussi, MM. Baudry-Lacantinerie et de Loynes déplorent que la loi n'ait pas consacré expressément le privilège du bailleur (3). Mais cette constatation faite, nous devons reconnaître qu'il est impossible d'admettre l'exercice du privilège sur l'indemnité : les privilèges, on le sait, sont, en effet, de droit étroit et on ne peut les étendre par analogie.

La solution sera la même, à notre sens, au cas de destruction de récoltes par des manœuvres de troupes.

L'exercice du privilège sur l'indemnité allouée pour privation de jouissance, au cas d'expropriation pour cause d'utilité publique, semble avoir donné lieu à plus de difficultés et à plus de controverses.

(1) V. L. 3 juillet 1877. Décret du 2 août 1877. Circ. minist. guerre, 8 juin 1882.
(2) Art. 18. Loi 3 mai 1841.
(3) T. I, n° 389.

On cite généralement, dans le sens de l'exercice du privilège, un arrêt de la Cour de Rouen, du 12 juin 1863 (1). Mais cette décision est loin d'être aussi décisive qu'on le croit. C'est, en effet, avec une certaine hésitation et tout à fait accessoirement que l'arrêt fait intervenir l'article 2102 dans sa discussion : il constate bien que le propriétaire l'invoque ; mais il ajoute aussitôt « que la consécration de son droit est plus spé- « cialement dans les articles 1741 du Code civil « et 18 de la loi de 1841 ; que son droit est plus « qu'un privilège ; qu'il est inhérent aux « entrailles mêmes de l'indemnité, et que per- « sonne ne peut rien réclamer de cette indemnité « qu'après qu'il aura été intégralement soldé. »

Sans vouloir critiquer la formule de cette décision, qui n'a rien de bien juridique, nous -remarquerons simplement qu'elle ne consacre nullement un privilège fondé sur l'article 2102 et portant sur l'indemnité d'expropriation attribuée au fermier ou au locataire.

Tous les auteurs, du reste, sont unanimes à rejeter le privilège (2).

(1) SIREY, 1863.2.165.
(2) AUBRY et RAU, t. III, parag. 261, p. 141, note 11 ; BAUDRY-LACANTINERIE et DE LOYNES, t. 1 n° 390, p. 317, note 1 ; GUILLOUARD, t. I, n° 307, p. 348.

CHAPITRE IV

CRÉANCES GARANTIES PAR LE PRIVILÈGE

DU BAILLEUR

Après avoir déterminé l'*assiette* de notre privilège, nous sommes amené à en rechercher l'*étendue*, à préciser les créancès qu'il garantit.

Nous trouvons l'indication de ces créances dans l'article 2102-1° du Code civil et dans l'article 1er de la loi du 19 février 1889, relatif à la restriction du privilège du bailleur de biens ruraux.

Ces textes déclarent garantis par notre privilège — dans une mesure que nous étudierons plus loin — les fermages, les réparations locatives, les créances concernant l'exécution du bail, et les dommages-intérêts qui pourront être alloués au bailleur par les Tribunaux.

Nous classerons ces diverses créances sous deux sections différentes, qui auront pour objet :

1° Les fermages ;

2° Les créances concernant l'exécution du bail.

Nous considérons, en effet, que la créance pour réparations locatives et celle pour dom-

mages-intérêts dérivent du bail et se rattachent
à son exécution.

I. — Fermages

La créance privilégiée du bailleur d'un fonds
rural est, aujourd'hui, exclusivement déterminée
par la loi du 19 février 1889, qui a modifié, sur
ce point, l'article 2102-1° du Code civil.

Mais, avant d'aborder le commentaire de cette
loi, il est nécessaire ou, en tous cas, intéressant
de jeter un coup d'œil sur notre ancien Droit et
sur les dispositions du Code civil qui ont été
appliquées de 1804 à 1889.

a). *Ancien Droit*

Dans notre ancien Droit, la créance de fermages était armée de notre privilège; mais on
trouve entre certaines coutumes, notamment
entre celle de Paris et celle d'Orléans, des divergences sur l'étendue de la créance garantie.

Pothier signale que, suivant les actes de
notoriété du Châtelet de Paris, des 7 février 1688,
24 mars 1702 et 19 septembre 1716, on faisait
une distinction entre les baux passés devant
notaires et ceux qui n'ont été faits que sous
signature privée ou verbalement. Dans le premier cas, le bailleur était préféré aux créanciers
du fermier pour toutes les obligations résultant

7

du bail, et, par conséquent, pour tous les termes échus et pour tous ceux qui restent à courir du bail ; mais lorsque le bail n'était que verbal ou sous signature privée, le bailleur n'avait de préférence que pour trois termes échus et pour le courant.

Denizart observe que, lorsque le bail sous seings privés avait été reconnu en justice, avant la saisie des meubles ou des récoltes du fermier, on adoptait la même règle que lorsque le bail était notarié.

Ces règles de la coutume de Paris n'étaient pas suivies à Orléans. Ici, aucune distinction entre les baux notariés et ceux qui ne l'étaient pas : le privilège était accordé dans tous les cas au bailleur pour tous les fermages échus et ceux restant à échoir. Pothier donne comme raison de cette coutume que les baux de la région d'Orléans étaient généralement passés sous signatures privées, et qu'on n'a pas cru nécessaire de prendre contre les fraudes les mêmes précautions qu'à Paris, où elles étaient beaucoup plus communes (1).

b) *Régime du Code civil*

Le Code civil s'est inspiré de la distinction admise par la coutume de Paris, d'après le

_____

(1) POTHIER, *Traité du louage*, n° 253.

caractère du titre du bailleur ; mais au lieu de s'attacher à l'authenticité de ce titre, il distinguait suivant que le bail avait ou non date certaine.

Ce système nous paraît préférable à celui de la coutume de Paris.

En effet, le danger que nos anciens jurisconsultes coutumiers et les rédacteurs du Code civil avaient voulu prévenir était celui d'une collusion entre le bailleur et le fermier : ils ont craint que tous deux, à la veille de la déconfiture du preneur, ne fissent un bail antidaté, stipulant un prix majoré, de manière à absorber la plus grande partie de l'actif mobilier du fermier. Il est bien évident que, contre ce danger, la date certaine est un remède aussi efficace que l'authenticité du bail : dans les deux cas, on est assuré que le contrat a bien été fait à la date apparente qu'il porte.

Pour écarter d'une façon complète le danger que nous venons de signaler, il eût fallu aller jusqu'à refuser au bailleur, dont le titre n'avait pas date certaine, toute espèce de privilège ; mais les rédacteurs du Code, comme les anciens jurisconsultes du Châtelet, s'étaient bornés à restreindre l'étendue de ce privilège, considérant sans doute que, dans un très grand nombre de cas, le bail, bien que n'ayant pas date certaine, pouvait être néanmoins sincère et que, dès lors, il eût été excessif de refuser tout privilège à un bailleur honnête.

L'article 2102 du Code civil est ainsi conçu : « Les créances privilégiées sur certains meubles « sont : 1° les fermages des immeubles ; savoir, « pour tout ce qui est échu et pour tout ce qui « est à échoir, si les baux sont authentiques, « ou si, étant sous signatures privées, ils ont « une date certaine. Et, à défaut de baux « authentiques, ou lorsqu'étant sous signatures « privées, ils n'ont pas une date certaine, pour « une année, à partir de l'expiration de l'année « courante ».

Il y avait, on le voit, deux hypothèses à considérer : 1° celle où le bail a date certaine, et 2° celle où il n'a pas date certaine ;

1re hypothèse : LE BAIL EST AUTHENTIQUE OU A DATE CERTAINE

Remarquons tout d'abord que la date certaine s'acquiert conformément au droit commun, par l'un des moyens indiqués dans l'article 1328 du Code civil, et en outre qu'il est nécessaire que le bail ait acquis date certaine antérieurement à l'événement qui donne lieu à la distribution des deniers entre les créanciers. Cet événement sera : 1°, en cas de déconfiture, la saisie du mobilier du fermier ; 2°, en cas de décès du débiteur, l'acceptation de sa succession sous bénéfice d'inventaire.

Lorsque le bail est authentique, ou lorsqu'il a acquis date certaine, dans les conditions que nous venons d'indiquer, l'art. 2102 accorde le privilège pour tous les fermages échus dans le passé, et pour tous ceux à échoir dans l'avenir.

Il semble à première vue que cette disposition ne prête à aucune équivoque et qu'aucune distinction ne soit à faire entre le bail authentique et le bail sous-seings privés ayant date certaine ; cependant une controverse que nous indiquerons très rapidement s'est élevée sur ce point.

Une première opinion a soutenu qu'il convenait d'exclure du privilège tous les fermages échus antérieurement au jour où le bail sous-seings privés a acquis date certaine ; cette opinion se fondait d'abord sur ce que la loi, constituant au profit du propriétaire un droit exceptionnel, devait recevoir une interprétation restrictive ; d'où l'impossibilité d'assimiler, pour les fermages antérieurement échus, le bail ayant acquis date certaine au bail authentique. En outre, ajoutait-on, c'est un principe que les actes sous-seings privés ne sont opposables aux tiers que du jour où ils ont acquis date certaine ; or, ce serait méconnaître cette règle, que d'accorder au propriétaire, à l'encontre des autres créanciers, un privilège pour les fermages antérieurs à la formalité ou à l'événement qui a fait acquérir la date certaine au bail sous-seings privés (1).

Mais cette opinion n'a pas prévalu et la plupart des auteurs s'accordent à décider que le privilège du bailleur s'étend, dans l'un et l'autre cas, à tous les fermages échus.

Les motifs sur lesquels on s'appuie généralement pour justifier cette dernière théorie sont les suivants : le texte de l'article 2102 place sur le pied de la plus complète égalité « les baux « authentiques ou ceux qui, étant sous signa- « tures privées, ont une date certaine » ; or, en dehors d'une disposition précise et formelle de la loi, il est impossible d'introduire une distinction là où la loi ne distingue pas. Le but et le système du législateur paraissent du reste contraires à la distinction dont-il s'agit : il a voulu, au point de vue qui nous occupe, classer les baux en deux catégories : ceux ayant date certaine, bénéficiant pour ce motif d'une présomption de sincérité et auxquels le privilège est attaché, aussi bien pour tous les loyers échus que pour les loyers à échoir, et, d'autre part, les baux sans date certaine, qui lui paraissent suspects et dont il réduit les effets au point de vue du privilège (2).

(1) PONT, t. 2, n° 126 ; PERSIL, sur l'art. 2102, parag. 1er, n° 15 ; MASSÉ et VERGÉ. t. 5 parag. 791, note 11.
(2) Rennes, 8 mai 1850, Rec. arr. Rennes, 1850, p. 145 ; AUBRY et RAU, t. 3, parag. 261 ; BAUDRY-LACANTINERIE et DE LOYNES, t. 1, n° 401 ; GUILLOUARD, t. 1, n° 312.

Il convient du reste de noter ici que, quelle que soit l'opinion à laquelle on se rattache sur la controverse que nous venons d'indiquer, le bail, même authentique ou ayant date certaine, pourra être annulé et le privilège anéanti, s'il est établi qu'il est le résultat d'une fraude ou d'une collusion intervenue entre le fermier et le bailleur, en vue de faire échec aux droits des autres créanciers. C'est l'application pure et simple de l'article 1167 du Code civil (1).

En ce qui concerne les fermages à échoir, les termes si formels de l'article 2102 n'ont jamais donné prise à la même équivoque. On a cependant quelquefois trouvé singulier que le paiement des fermages non échus pût être exigé avant l'échéance. Certains auteurs ont essayé de justifier cette dérogation aux principes généraux, en invoquant la nature spéciale du privilège, « qui affecte tellement la chose pour la « sûreté du paiement, que le législateur a « mieux aimé anticiper le terme que de com- « promettre les intérêts du créancier privilégié ».

Cette explication, qui est celle de Tarrible et de Troplong (2), n'est peut-être pas des plus satisfaisantes, et nous pensons que l'explication plus rationnelle et plus juridique de cette disposition de notre article se trouve tout simplement

(1) GUILLOUARD, n° 312. *in fine*.
(2) T. 1, n° 155.

dans cette considération que l'exercice du privilège suppose la déconfiture du fermier, et que
cette déconfiture entraîne la déchéance du terme
pour les loyers à échoir.

Ajoutons du reste que la rigueur de la loi sur
ce point trouve un correctif très appréciable
dans le droit de relocation reconnu aux créanciers par le même article 2102-1°.

2me hypothèse : LE BAIL N'A PAS DATE CERTAINE

Notre texte plus haut rappelé a disposé pour
cette hypothèse, en termes assez laconiques, que
le privilège ne garantirait « qu'une année de
« fermage à partir de l'expiration de l'année
« courante ».

Cette formule, qui manque totalement de
précision et qui laisse dans l'ombre le sort des
années de fermages échues et celui de l'année
courante, a fait naître une controverse et n'a
pas donné lieu à moins de quatre systèmes
différents :

Dans une première opinion, la seule créance
privilégiée serait celle de l'année suivant l'année
courante (1). Cette doctrine s'appuie surtout
sur le principe général que les privilèges sont
de droit étroit et que les textes qui les créent

(1) FENET, t. 15, n° 352 ; GRENIER. t. 2, n° 309 ; FAVARD,
Rep. V° privil., section 1, parag. 2, n° 4 ; TARRIBLE, V° priv.,
sect. II, parag. 2, n° 5. En ce sens : Douai, 16 décembre
1824 ; Bordeaux, 17 décembre 1839, S. 1840.2.202.

doivent recevoir l'interprétation restrictive ; or, en rapprochant la partie de l'article 2102 qui nous occupe de celle qui précède, elle prétend y trouver la preuve que, dans le cas d'un bail sans date certaine, le législateur s'est montré exclusif et a rejeté le privilège pour tous les fermages, sauf pour une année à venir. Délaissée depuis longtemps, cette doctrine satisfait peu la raison, et on s'explique assez difficilement que la loi accorde un privilège pour l'avenir, alors qu'elle le refuse pour le présent. Comme le fait remarquer M. Guillouard, il n'y a aucune fraude à craindre pour la jouissance actuelle du preneur.

M. Mourlon a préconisé une seconde théorie, qui a eu moins de succès que la précédente : restreignant, lui aussi, le privilège à une seule année, il a soutenu que cette année se composerait, comme dans l'ancien usage du Châtelet, des trois derniers termes échus et du terme courant non achevé. Il suffit d'exposer cette opinion et de la rapprocher du texte même de l'article 2102 pour être convaincu qu'elle est opposée à l'intention du législateur.

Restent deux systèmes, dont l'un déclare privilégiée l'année courante et celle suivante (1),

---

(1) DELVINCOURT, III, p. 273 ; PERSIL, 1, sur l'art. 2102, parag. I, n° 22 ; VALETTE, n° 63 ; DEMANTE ; PONT, I, n° 627 ; Bordeaux, 17 décembre 1839, S. 40.2.202.

et l'autre toutes les années échues, l'année courante et celle qui la suit. Nous adopterons cette dernière opinion, qui rallie la majorité des auteurs (1), et a triomphé en jurisprudence (2).

Il est, à notre avis, inadmissible que la loi ait garanti, par un privilège, une année à échoir, et qu'elle l'ait refusé a l'année en cours et aux années échues. Il n'est pas davantage exact de dire que le privilège pour les fermages en cours et ceux échus ne reposent sur aucun texte, car le début de notre article déclare privilégiés, d'une manière générale, tous les fermages échus et tous ceux à échoir, et quand, dans la suite du texte, la loi envisage le cas spécial qui nous occupe d'un bail sans date certaine, elle restreint le privilège pour l'avenir : si elle reste muette pour les fermages en cours et ceux échus, c'est qu'elle entend maintenir, en ce qui les concerne, ce qu'elle vient de dire quelques lignes plus haut. L'article 819 du Code de procédure civile, qui organise la saisie-gagerie, mise en œuvre du privilège, permet d'y recourir

(1) DURANTON, 19, n° 92; TROPLONG, I, n° 156; AUBRY et RAU, III, parag. 261, texte et note 27; COLMET DE SANTERRE, IX, n° 28 bis; THÉZARD, n° 341.

(2) Civ. Cass., 28 juillet 1824, S. 25.1.54; Req. 6 mai 1835, S. 35.1.433; Grenoble, 28 décembre 1838, S. 39.2.356; Douai, 29 août 1842, S. 43.2.416; Lyon, 28 avril 1847, S. 48.2.129, D. 48.2.86; Bourges, 21 juin 1856, D. 57.2.69; Metz, 5 janvier 1859, S 59.2.129, D. 59.2.8.

« pour loyers ou fermages échus, soit qu'il y ait
« bail, soit qu'il n'y en ait pas » ; c'est admettre
implicitement que le privilège existe dans tous
les cas pour tous les fermages échus.

Cette solution répond, du reste, au but que
s'est proposé le législateur de l'article 2102. Ce
qu'il a voulu faire, ce n'est pas punir le bailleur
de laisser accumuler des fermages arriérés,
ni empêcher des fraudes pouvant résulter de la
dissimulation des paiements faits dans le passé
par le fermier, mais bien obvier au danger
d'une collusion ayant pour but de donner au
bail une durée exagérée ou fictive. « En vain,
« remarquent MM. Aubry et Rau, dit-on que
« le bailleur et le preneur peuvent aussi se
« concerter pour élever le prix des loyers ou
« pour imposer à celui-ci d'autres obligations
« purement fictives ; que, dès lors, le législateur
« a dû également chercher à déjouer et à pré-
« venir de pareilles combinaisons. Il est, en
« effet, certain que, s'il y avait une exagération
« de quelque importance dans les conditions
« du bail, telles qu'elles sont alléguées, la
« fraude serait facilement établie, soit par
« la notoriété des valeurs locatives, d'après
« l'usage suivi dans le pays, soit au moyen
« d'une expertise. »

Nous pouvons enfin ajouter que ce système
est impliqué par diverses dispositions législa-

tives récentes, notamment par l'article 1er de la
loi du 19 février 1889, auquel nous allons
arriver dans un instant.

En rapprochant les diverses solutions appli-
cables dans les deux hypothèses prévues par
l'article 2102, nous arrivons à conclure que,
sous le régime de cet article :

1° Le privilège garantit toutes les années
échues et l'année courante, que le bail ait ou
non date certaine ;

2° Toutes les années à échoir dans le premier
cas, et une année à venir seulement dans le
second.

Voilà quel était le système qui régissait les
baux de biens ruraux (comme du reste tous les
baux d'immeubles en général) sous l'empire du
Code civil, avant la loi du 19 février 1889, et
qui continue encore aujourd'hui à régir, en
principe, tous les baux autres que ceux de biens
ruraux.

Mais, depuis cette loi, ces règles ont été
modifiées, en ce qui concerne spécialement et
exclusivement les baux d'immeubles ruraux. Il
nous reste à étudier cette législation nouvelle,
qui est venue restreindre, dans une large
mesure, l'étendue que le Code civil assignait
à notre privilège.

c) *Régime de la loi du 19 février 1889*

Cette loi, que nous avons rencontrée déjà dans le chapitre précédent, à propos de l'attribution des indemnités d'assurances, en cas de sinistre, se rattache à un projet de loi déposé au Sénat en 1882, beaucoup plus vaste, et qui avait pour but d'organiser le crédit agricole mobilier, c'est-à-dire de procurer aux agriculteurs, et principalement aux fermiers, le crédit qui leur est nécessaire pour emprunter l'argent que réclament les besoins de leur exploitation.

Deux dispositions principales étaient comprises dans le projet :

L'une avait pour but d'autoriser le prêt sur gage mobilier sans déplacement ; l'agriculteur aurait pu, tout en conservant la détention de son mobilier (instruments aratoires, animaux servant à l'exploitation de la ferme, etc.), l'affecter à titre de gage au remboursement d'un emprunt intéressant l'exploitation agricole. C'était, en réalité, créer, sous le nom de gage, une véritable hypothèque mobilière. Cette proposition fut alors rejetée ; mais l'idée dont elle procédait a reparu depuis, dans la loi du 18 avril 1898 et dans celle du 30 avril 1906, sur les warrants agricoles, qui autorisent, sous diverses restrictions et conditions, le gage sans déplacement sur les produits agricoles ou industriels, non immeubles par destination, y compris les animaux.

Une seconde disposition du projet proposait l'assimilation, áu point de vue de la compétence, des billets à ordre souscrits par les agriculteurs aux effets souscrits par les commerçants.

Ce moyen ayant été écarté comme le précédent, la loi du 19 février 1889 aboutit, dès son article premier, à une réforme plus modeste qui consista simplement dans la restriction du privilège du bailleur de fonds ruraux, tel que l'avait organisé le Code civil dans l'article 2102. On pensa avec juste raison que le crédit du fermier serait d'autant plus grand que son mobilier serait moins lourdement grevé du privilège du propriétaire.

Voici au surplus comment l'innovation proposée fut justifiée au Sénat et à la Chambre des députés par les rapporteurs du projet :

« L'extension, dit M. Labiche au Sénat, que
« notre législation a donnée au privilège du
« bailleur pour le paiement de ses (loyers (1) ou)
« fermages est pour le (locataire ou) fermier un
« affaiblissement de son crédit mobilier... La

(1) La commission du Sénat proposait la restriction du privilège au cas de bail à loyer, comme à celui de bail à ferme, mais cette proposition fut repoussée au cours de la discussion.

« commission extra-parlementaire de 1866
« avait déjà été unanime à reconnaître que
« l'étendue de ces privilèges dépasse ce qu'exi-
« ge l'intérêt bien entendu du propriétaire et
« compromet les intérêts du fermier. Si le
« privilège du bailleur est restreint, d'une part
« le crédit du preneur ne sera plus grevé par
« une créance s'élevant à une somme considé-
« rable, d'autre part, le fermier ne sera plus
« autorisé à solliciter autant de délais, et le
« propriétaire sera moins disposé à les
« accorder. »

D'autre part, on lit ce qui suit dans le rapport
de M. Maunoury, à la Chambre des députés :
« Cette disposition a pour but d'améliorer
« éventuellement la condition des créanciers du
« fermier, ce qui permet à ce dernier de trouver
« plus facilement crédit. Une disposition iden-
« tique et ayant la même base a été édictée par
« la loi du 12 février 1872, pour les loyers dus
« par les commerçants faillis. Il est certain que
« les propriétaires, qui restent garantis pour
« quatre années de fermages, ne peuvent se
« plaindre d'être sacrifiés. Ils ont eu tout le
« temps, pendant les trois années qui suivent le
« dernier paiement, de mettre leur fermier en
« demeure de se libérer. On a objecté que les
« propriétaires seront portés à accorder moins
« de délais à leurs fermiers quand approchera

« le moment où le montant du fermage ne sera
« plus garanti, en sorte que la loi tournerait
« contre le cultivateur. Cette objection n'a guère
« de portée. Il est rare de rencontrer des pro-
« priétaires accordant plus de trois années de
« délai, à moins qu'ils ne soient décidés à
« renoncer au paiement. D'autre part, c'est une
« question de savoir si les fermiers ont intérêt
« à ce que leurs bailleurs les laissent s'endetter
« aussi longtemps, au risque de les exposer, au
« cas de changement de propriétaire, à des
« poursuites pour de fortes sommes exigibles.
« Il suit de là qu'il n'y a aucun danger à res-
« treindre la garantie du propriétaire à quatre
« années de fermages (1). »

La loi du 19 février 1889, à laquelle aboutí-
rent ces travaux parlementaires, dispose dans
son article premier, le seul dont nous ayons ici
à nous occuper :

« Le privilège accordé au bailleur d'un fonds
« rural par l'article 2102 du Code civil ne peut
« être exercé, même quand le bail a acquis date
« certaine, que pour les fermages des deux der-
« nières années échues, de l'année courante, et
« d'une année à partir de l'expiration de l'année
« courante, ainsi que pour tout ce qui concerne
« l'exécution du bail et pour les dommages-

(1) *Journal Officiel*, Doc. parlementaires de mars 1889,
p. 517.

« intérêts qui pourront lui être alloués par les
« Tribunaux. — La disposition contenue dans
« le paragraphe précédent ne s'applique pas aux
« baux ayant acquis date certaine avant la
« promulgation de la présente loi. »

Il résulte d'abord de ce texte que la restriction
apportée au privilège du bailleur concerne
exclusivement le bailleur « d'un fonds rural ».
Il a été question, au cours des travaux parlementaires, d'étendre la loi au bailleur d'un bien
urbain ; mais cette proposition n'a pas finale-
ment abouti. C'est que le législateur de 1889
se préoccupait surtout et avant tout, nous l'avons
vu, d'organiser le crédit mobilier agricole. En
outre, le besoin de la restriction du privilège
du bailleur se faisait moins sentir pour le
locataire que pour le fermier. Celui-ci n'a souvent d'autre ressource que son matériel agricole,
tandis que le mobilier du locataire d'une maison ne représente très fréquemment qu'une
partie relativement peu importante de son
patrimoine.

Notre article restreint le privilège du bailleur
d'un fonds rural quant à la seule créance pour
fermages : les autres créances que nous étudierons plus loin, celles se rattachant à l'exécution
du bail ou celles résultant des dommages-
intérêts alloués au bailleur, et qui sont, nous le
verrons, garanties également par le privilège,

demeurent toujours soumises, depuis la loi de 1889, à la règle posée par l'article 2102 du Code civil.

En ce qui touche la créance pour fermages, la restriction admise par la loi est celle-ci : le bailleur ne pourra exercer son privilège que pour deux années échues, l'année courante et une année à échoir à partir de l'expiration de l'année courante ; et la loi ne fait ici aucune distinction entre les baux authentiques, ceux ayant date certaine et ceux sans date certaine.

Le privilège est donc réduit à la fois dans le passé et pour l'avenir.

Que faut-il entendre par les deux dernières années échues ? Les auteurs paraissent d'accord pour décider que ce sont les deux années échues avant la vente des meubles, en prenant pour point de départ la date du bail (1). L'année courante est celle au cours de laquelle ont lieu la saisie et la vente du mobilier grevé.

En ce qui concerne la restriction du privilège dans l'avenir, il est bien évident qu'elle ne s'applique qu'autant que, pour une cause quelconque, le bail ne prend pas fin à une date antérieure à l'expiration de l'année qui suit l'année courante. Si le bailleur a obtenu, par exemple, la résiliation de son bail pour une date plus

(1) AUBRY et RAU, t. III, parag. 261, note 28 *octies* ; BAUDRY-LACANLINERIE et DE LOYNES, n° 432.

rapprochée, il est certain qu'il ne peut plus être question de fermages à échoir pour la période qui suit la date de la résiliation.

Notons encore que la loi nouvelle s'applique au cas de bail à colonat partiaire, comme à celui de bail à ferme. Le privilège de l'article 2102 existant dans cette hypothèse, la restriction de la loi de 1889 doit également s'y appliquer (1).

Enfin, il est hors de doute que la restriction apportée au privilège profite à tous les créanciers du fermier et non pas seulement à ceux dont la créance a un caractère et une cause agricoles : un amendement en ce sens de M. Barthe a été repoussé lors de la discussion de la loi.

Les règles qui précèdent conduisent à accorder au bailleur un paiement anticipé de fermages à échoir, ceux de l'année courante et ceux de l'année à suivre. Ce paiement va être nécessairement préjudiciable aux autres créanciers du fermier dont le dividende sera souvent, de ce fait, très sensiblement réduit.

D'autre part, le fermier, dont le matériel agricole aura été vendu, va se trouver hors d'état de continuer son exploitation. La loi, qui a permis au bailleur de toucher par avance une

_____

(1) GUILLOUARD, n° 329 ; AUBRY et RAU, loc. cit., note 28, sexties ; Poitiers, 18 décembre 1890, S. 91.2.101, D. 92.II.377.

partie de ses fermages, va-t-elle le laisser reprendre possession de ses terres ou de sa
ferme ? Cette solution serait excessive et, comme
compensation au préjudice que leur cause le
paiement anticipé des fermages, le Code civil
(art. 2102) accorde aux créanciers le droit de
relouer l'immeuble, dans les termes suivants :

« ...Les autres créanciers ont le droit de
« relouer (la maison ou) la ferme pour le res-
« tant du bail et de faire leur profit des baux
« ou fermages, à la charge toutefois de payer
« au propriétaire tout ce qui lui serait en-
« core dû. »

Bien qu'elle ne soit pas reproduite dans l'article 1er de la loi du 19 février 1889, cette faculté
de relocation existe néanmoins dans l'hypothèse
régie par cette loi : notre texte, qui n'a pas été
inséré dans l'article 2102 du Code civil, a laissé
intact, en principe, cet article qui doit continuer
à recevoir son application dans les cas où il n'y
a pas été dérogé.

Cette solution est admise en doctrine sans
contestation (1).

Si l'on considère les termes précis de l'article
2102 du Code civil, il semble que le droit de
relocation des créanciers ne doive exister que
dans le cas où il existe un bail authentique ou

(1) BAUDRY-LACANINERIE et DE LOYNES, n° 435 *in fine.*

à date certaine. L'article s'exprime, en effet, ainsi : « ...Dans ces deux cas, les autres créan- « ciers ont le droit de relouer... »

Cette solution n'est cependant pas admise, et c'est avec raison, selon nous. Même dans l'hypothèse d'un bail sans date certaine, le motif d'équité, qui a fait admettre le droit de relocation, existe, et les créanciers doivent être fondés à l'exercer par cela seul que le bailleur s'est fait payer des fermages par anticipation.

C'est à tort, suivant nous, que M. Laurent a objecté le caractère restrictif et « tyrannique » des textes relatifs aux privilèges : l'interprétation restrictive est de rigueur lorsqu'il s'agit d'établir un privilège; mais ici il s'agit, au contraire, de tempérer les effets d'un privilège établi (1).

Nous savons que l'article 1717 du Code civil permet d'insérer dans les baux une interdiction de sous-louer ou de céder le bail, en tout ou en partie, et que cette clause est toujours de rigueur. Si les créanciers du fermier en déconfiture se trouvent en présence d'une clause prohibitive de cette nature, peuvent-ils encore user de la faculté de relocation de l'article 2102 ?

Nous le croyons avec la très grande majorité des auteurs et des arrêts.

_____

(1) En ce sens, GUILLOUARD, n° 322 ; BAUDRY-LACANTINE-RIE et DE LOYNES, n° 435; AUBRY et RAU, parag. 261, note 29.

Un arrêt de la Cour de Paris du 24 février 1825 (1), rendu en sens contraire, s'appuie pour décider ainsi sur ce que l'article 2102 s'applique au droit commun et doit fléchir devant la prohibition insérée dans le bail en vertu de l'article 1717, et l'on a, d'autre part, soutenu que les créanciers du fermier ne sauraient avoir plus de droit que leur débiteur.

On a répondu avec raison à cette argumentation, que ce n'est pas dans le bail que les créanciers du fermier puisent leur droit de relocation, mais bien uniquement dans la loi, dans l'article 2102 ; et ce droit est indépendant des stipulations du bail. La loi a permis au bailleur de se faire payer, par privilège, de certains fermages à échoir, mais sous la condition restrictive que les autres créanciers, lésés par ce paiement anticipé, pourraient profiter de la jouissance corrélative du bien affermé. Leur droit de relocation apparaît comme la contrepartie du droit privilégié du bailleur. Du reste, ne peut-on pas dire, comme l'a fait en termes excellents un arrêt de la Cour de Cassation du 4 janvier 1860 (2), que « lorsque le bailleur se « fait attribuer par imputation sur les loyers à « échoir le produit de la vente de tout ce qui « garnit les lieux loués, *il aliène le droit de*

(1) Sir. Chr.
(2) S. 60.1.17 ; D. 60.1.35.

« *jouissance dont il reçoit ainsi le prix*, et qui
« rentre, dès lors, dans l'actif du fermier pour
« tous les termes payés par anticipation (1).

Examinons maintenant à quelles conditions
les créanciers du fermier, voulant user de leur
droit de relocation et faire leur profit des baux
et fermages, seront autorisés à le faire.

L'article 2102 alinéa 1 dit, à cet égard, qu'ils
le pourront... « à la charge de payer au pro-
« priétaire tout ce qui lui serait encore dû. »

L'on s'est posé, en présence de ce texte,
avant la loi de 1889, et l'on se pose encore
depuis cette loi, la question de savoir si les
créanciers sont tenus de payer préalablement
au propriétaire tous les fermages à échoir, ou
s'il suffit qu'ils présentent un sous-locataire
solvable qui garnisse la ferme de meubles et
matériel suffisants, ou bien encore qu'ils s'en-
gagent personnellement à répondre de l'exécution du bail.

Quelques auteurs ont soutenu que, pour faire
leur profit du bail, les créanciers pouvaient se
borner à fournir des garanties d'exécution suffi-

(1) En ce sens. Cass. 28 déc. 1858, S. 59.1.425, et D. 59.1.63;
Rouen, 29 juin 1859, D. 60.2.21; PERSIL, *Régime hypoth.*, I,
art. 2102, parag. 1, n° 20; GRENIER, *Des hypot.*, II, n° 309;
DURANTON, 19, n° 90; TROPLONG, t. I, n° 155; VALETTE,
n° 64; AUBRY et RAU, parag. 261, texte et note 32, p. 244;
PONT, I, n° 128; LAURENT, t. 29, n° 405; BAUDRY-LACANTI-
NERIE et DE LOYNES, I, n° 440; GUILLOUARD, I, n° 325.

santes. M. Valette, notamment, a tenté de justifier cette thèse de la manière suivante :

« L'article 2102 ne dit pas à quelle époque
« les créanciers devront faire le paiement des
« (loyers ou) fermages à échoir, et il paraît
« raisonnable que ce soit au fur et à mesure
« des échéances. Ici, les créanciers se substi-
« tuent au preneur et fournissent un nouveau
« fermier (ou locataire), dont le mobilier donne
« au propriétaire toute sûreté pour l'avenir. En
« un mot, la perte du gage, laquelle avait
« donné lieu à l'exigibilité des créances non
« échues, se trouve réparée pour l'avenir.
« Peut-être même pourrait-on soutenir que le
« propriétaire n'a pas le droit d'exiger le paie-
« ment actuel et immédiat des loyers à échoir,
« par collocation sur le mobilier saisi, lorsque
« les créanciers prennent la charge de la relo-
« cation et fournissent les sûretés conve-
« nables (1). »

Nous pensons que la solution proposée n'est
pas admissible en présence des termes formels
de notre texte : les créanciers ont le droit de
relouer et celui de faire profit du bail en cours,
à la condition de payer au propriétaire « tout
ce qui lui resterait encore dû ».

M. Laurent, qui adopte cette opinion, entend

---

(1) n° 64. Sic : DURANTON, 19, n° 91; MOURLON, *Ex. crit.*, I,
n° 95; PONT, I, n° 129; MARTOU, *Priv. et Hypot.* II, n° 400.

la justifier en disant que la loi subroge les
créanciers aux droits (du locataire ou) du
fermier ; or, dit-il, la condition essentielle de
toute subrogation, c'est le paiement de la dette.
Cette explication nous paraît donner prise à la
critique : nous avons déjà vu que le droit de
relocation ne résulte pas d'une subrogation
dans les droits dérivant du contrat de bail ; il a
sa source, en dehors de ce contrat, dans la loi :
c'est elle qui, de toutes pièces, a créé ce droit,
et, en le faisant naître, elle a pu en régler les
conditions.

Comme le fait remarquer M. Guillouard « il
« suffirait, en législation, d'exiger que les
« droits du bailleur fussent garantis par le
« sous-locataire ou par les créanciers, mais la
« loi actuelle exige davantage et sa solution
« précise doit être respectée (1) ».

La controverse que nous venons d'examiner
suppose que les créanciers ont pris le parti de
profiter du reliquat entier du bail laissé en sus-

(1) Dans le sens de cette opinion : Paris, 4 mai 1857.
S. 57.2.727 ; 7 décembre 1858, D. 59.I.62 ; Cass., 28 décembre
1858, S. 59.1.423 et D. 59.1.63 ; Rouen, 29 juin 1859, D. 60.II.21 ;
Paris, 26 janvier 1860, D. 60.V.298 ; Orléans, 22 août 1860,
D. 62.II.118 ; Cass., 28 mars 1865, S. 65.1.201 et D. 65.I.201 ;
Orléans, 10 novembre 1865, D. 65.II.227 ; Cass., 15 juillet 1868,
S. 69.1.13 et D. 72.1.95 ; Cass., 16 février 1870, S. 70.1.318 ;
AUBRY et RAU, *loc. cit.* texte et note 30 ; LAURENT, t. 29,
n° 403 ; BAUDRY-LACANTINERIE et DE LOYNES, I, n° 438 ;
GUILLOUARD, I, n° 323.

pens par leur débiteur ; mais une autre hypothèse peut se présenter et, en pratique, elle se
présentera le plus souvent : le bailleur n'aura
touché que l'année courante et l'année à échoir
en sus de l'année courante ; les créanciers ne
peuvent ou ne veulent payer de suite au bailleur les années de fermages à échoir jusqu'à la
fin du bail ; pourront-ils limiter leur droit de
relocation aux deux années pour lesquelles le
bailleur a reçu un paiement anticipé ?

On l'a contesté et on a dit pour le soutenir
que les termes impératifs de l'article 2102 ne
permettaient pas de scinder ce bail et qu'il fallait
le continuer pour toute sa durée ou ne pas le
reprendre du tout (1).

Cette opinion n'est pas généralement admise
et on a très justement répondu à l'objection
tirée du texte que les termes de l'article 2102,
examinés de près, ne faisaient nullement obstacle à une relocation partielle par les créanciers :
ce que l'article dit, c'est que, pour relouer
pendant tout le temps restant à courir sur le
bail, les créanciers devront verser préalablement tous les loyers à échoir ; et, en réalité, le
cas que nous examinons est resté en dehors des
prévisions du législateur. Le refus du droit de
relocation partielle serait, au surplus, contraire

(1) DURANTON, t. 19, n° 91 ; VALETTE, n° 64; MARTOU,
t. II, n° 399.

à l'esprit de la loi et son admission aurait pour résultat de rendre illusoire, dans la plupart des cas, le droit de relocation. L'objection tirée de ce qu'il ne doit pas être permis de scinder le bail ne résiste pas à cette considération déjà rencontrée que les créanciers ne sont pas subrogés au preneur et tirent leurs droits de la loi, ni à cette autre idée que le droit de relocation est une compensation du préjudice causé aux créanciers par le bailleur réclamant une collocation pour des fermages non encore échus (1).

Il nous reste, quant au droit de relocation, un dernier point à examiner : ce droit existe-t-il lorsque le bailleur, au lieu de réclamer collocation pour ses fermages non échus, fait prononcer la résiliation de son bail ?

Nous ne le pensons pas, et la raison en est que le droit de relocation n'est que la conséquence du paiement anticipé des fermages ; si le propriétaire ne reçoit pas ce paiement, il ne peut être obligé de subir le droit de relocation des créanciers, à qui il ne porte, en somme, aucun préjudice.

Mais les créanciers du fermier peuvent avoir

(1) Sic : PERSIL, sur l'art. 2102, parag. 1ᵉʳ, n° 18 ; MOURLON, n° 96 ; LAURENT, t. 29. 402 ; THÉZARD, 339 ; BAUDRY-LACANTINERIE et DE LOYNES, I, 440 ; GUILLOUARD, I, n° 324 ; Civ. Rej., 4 janvier 1860, S., 60.1.17 ; AUBRY et RAU, eod. loc., note 31.

intérêt à relouer l'immeuble : pourront-ils intervenir dans l'instance en résiliation pour s'y opposer, en offrant de payer les fermages à échoir?

On reconnaît sans contestation qu'ils n'ont
pas ce droit lorsque le bail contient une interdiction de sous-louer.

Mais si cette interdiction n'a pas été stipulée,
la question est controversée.

MM. Valette et Pont soutiennent que les
créanciers peuvent, usant de l'article 1166 du
Code civil, offrir le paiement des fermages et
faire repousser la demande en résiliation du
bailleur, de manière à sous-louer l'immeuble
pour le restant du bail.

Cette opinion est critiquée, et MM. Aubry et
Rau ont démontré préremptoirement que l'article 1166 ne peut être invoqué dans l'espèce dont
il s'agit. « Il est certain, disent-ils, que le preneur
« ne peut user de la faculté de sous-louer qu'en
« restant personnellement obligé au paiement
« des (loyers ou) fermages. Or, comme le
« bailleur ne saurait être contraint à accepter
« pour débiteurs les créanciers du preneur
« devenu insolvable, ces derniers se trouvent
« dans l'impossibilité de remplir la condition
« sous laquelle seule la faculté de sous-louer
« peut être exercée (1). »

(1) Aubry et Rau, *loc. cit.*, note 33 ; Guillouard, t. I, n° 326 ;
Baudry-Lacantinerie et de Loynes, t. I, n° 440 ; Martou,
t. II, n° 401 ; Laurent, t. 29, n° 400.

II. — Créances résultant de l'exécution du bail

Après avoir déclaré que le privilège du bailleur garantit les fermages, l'article 2102 ajoute: « Le même privilège a lieu pour les « réparations locatives et pour tout ce qui con- « cerne l'exécution du bail ».

De même, l'article premier de la loi du 19 février 1889, après avoir restreint, dans les pro- portions que nous avons vues, le privilège du bailleur d'un bien rural, quant à la créance pour fermages, dispose que le bailleur pourra exercer ce privilège « pour tout ce qui concerne « l'exécution du bail et pour les dommages « intérêts qui pourront lui être alloués par les « tribunaux ».

Le rapprochement de ces deux dispositions montre que la loi du 19 février 1889 n'a pas modifié la législation antérieure et a, au con- traire, laissé intact le privilège qui nous occupe, en tant qu'il garantit les diverses créances du bailleur, autres que celles pour fermages.

Avant de commenter ces deux textes, et d'entrer dans le détail des diverses questions qui s'y rattachent, il est indispensable de re- chercher dans le Droit romain et dans l'ancien Droit les dispositions et les règles d'où elles tirent leur source.

Déjà, en Droit romain, l'hypothèque tacite accordée au bailleur garantissait, outre les fermages, toutes les créances qui pouvaient découler du contrat de bail, notamment les indemités dues pour abus de jouissance de la part du fermier.

« *Pomponius scribit non solum pro pensio-*
« *nibus, sed et si deteriorem habitationem*
« *fecerit culpa sua inquilinus, quo nomine ex*
« *locato cum eo erit actio, invecta et illata*
« *pignori erunt obligata* (1). »

Même règle dans notre ancien Droit : cette disposition de la loi romaine était suivie pour les diverses obligations du fermier et aussi pour les dommages-intérêts qu'il pouvait devoir à raison de leur inexécution (2).

Notre droit actuel n'a donc fait que suivre, au point de vue qui nous occupe, les règles précédemment admises.

Les diverses créances, que nous avons réunies dans cette section, peuvent être distinguées de la manière suivante :

a) Créances pour abus de jouissance, détériorations, pertes, restitutions.

b) Créances résultant de l'incendie des bâtiments loués.

---

(1) L. 2. Dig. *In quibus causis pign., vel. Hypot.*, XX, 2.
(2 POTHIER, Introduction au titre XIX de la *Coutume d'Orléans*, n° 33.

c) Avances faites par le bailleur au preneur.

d) Créances de dommages-intérêts résultant de l'inexécution des obligations du preneur, de la résiliation du bail ; frais.

a) *Abus de jouissance, détériorations, pertes, restitutions*

Le privilège s'applique tout d'abord aux indemnités qui peuvent être dues au bailleur pour les réparations locatives de l'immeuble, qui sont visées expressément par l'article 2102, ou pour détériorations ou pertes d'objets mobiliers (instruments agricoles, pailles, fourrages, etc.) qui devaient être restitués à la fin du bail.

Une distinction est cependant à faire, et elle se trouve faite expressément dans un arrêt de la Chambre civile du 7 avril 1857 (1), lorsque les objets mobiliers, laissés au fermier à son entrée en jouissance, consistent dans des choses fongibles, telles que pailles, fourrages, etc. Si ces choses fongibles consistent en marchandises brutes ou matériaux nécessaires à l'exploitation du fonds affermé, la stipulation que le preneur remettra au bailleur, à l'expiration du bail, des choses de même nature, en pareille quantité et valeur, ou le prix de leur estimation, doit être

(1) S. 58.1.51.

considérée comme une convention accessoire au
louage, faite dans l'intérêt du fonds affermé ; et,
dans ce cas, la créance du bailleur concernant
les choses dont il s'agit participe au privilège
résultant à son profit du contrat de bail. Mais
si, au contraire, les choses fongibles, livrées au
preneur, consistent en objets fabriqués, prêts à
être vendus, bien que le bail contienne une
convention semblable de restitution, elles ne
doivent pas être considérées comme remises
accessoirement au contrat du bail, dans l'intérêt
du fonds affermé, mais à titre de vente ; et, dans
ce cas, la créance du bailleur ne serait pas
garantie par notre privilège.

Il arrive fréquemment, dans les baux, que le
bailleur impose au fermier l'obligation de payer,
en sus des fermages, tout ou partie des contributions auxquelles sont assujettis les immeubles loués. Si, au cours du bail, le propriétaire
les acquitte aux lieu et place du fermier, la
créance qui en résulte pour lui sera privilégiée.

b) *Indemnité résultant de l'incendie*

L'article 1733 du Code civil rend le fermier
responsable de l'incendie qui survient dans les
locaux loués : cette responsabilité découle du
bail lui-même ; les dommages-intérêts dus, de

ce chef, au bailleur, constituent une créance privilégiée (1).

c) *Avances faites par le bailleur au preneur*

Lorsque des avances ont été faites au fermier, en exécution d'une clause du bail et dans l'intérêt de la culture, par exemple pour permettre au fermier d'acquérir un cheptel ou d'ensemencer les terres affermées, etc., il n'est pas douteux que cette créance a un caractère privilégié ; et il n'y a pas lieu de distinguer suivant que les avances ont lieu en nature ou en argent, ni suivant qu'elles sont réalisées à l'entrée en jouissance ou dans le cours du bail (2).

Mais les avances peuvent ne pas avoir été convenues dans le bail et elles peuvent être faites en vertu d'une convention postérieure au bail : sont-elles alors privilégiées ? La question est plus délicate parce que, dans ce cas, il y a un contrat de prêt séparé et distinct du bail et

(1) Guillouard, I, n° 330 ; Baudry-Lacantinerie et de Loynes, 394 ; Aubry et Rau, parag. 261. texte p. 238 ; Amiens, 10 nov. 1859, D. 61, V. 387 ; Rouen, 20 avril 1880, D. Supp¹ V° Priv. et Hyp. 110.

(2) Cass., 19 janv. 1880, D. 82.1.79 ; Bordeaux, 17 août 1833, D. Rep. V° Priv. et Hypot, n° 245 ; Douai. 18 avril 1850, S. 51.2.77 ; Alger, 25 juin 1878, S. 78.2.327 ; Poitiers, 18 déc. 1890 ; Alger, 28 mars 1892, D. 93.2.414 ; Aubry et Rau, parag. 261, texte et note 25 ; Guillouard, I, n° 331 ; Baudry-Lacan-tinerie et de Loynes, I, 394.

qui n'en fait pas partie. Cependant, il faut
admettre, selon nous, le privilège. La convention d'avances, quoique postérieure au bail,
s'y rattache et en est la suite ; c'en est une clause
additionnelle ; qu'importe le moment où une
avance est faite, pourvu qu'elle ait pour objet
l'exécution du bail ? La tradition est dans ce
sens. Pothier (1) dit d'abord que les avances
convenues par le bail sont privilégiées, puis il
ajoute qu'il y a plus de difficultés si les avances
n'ont été convenues que depuis le bail. « Néan-
« moins, dit-il, il paraît que l'usage a étendu à
« ces avances le droit des seigneurs de métai-
« ries ; car le seigneur de la métairie ayant
« fait les avances dans l'intérêt de sa métairie,
« il y a même raison que pour le bail. »

La jurisprudence et les auteurs sont, en ce
sens (2).

Cette solution est également admise au cas de
bail à colonat partiaire (3).

---

(1) *Louage*, n° 254.
(2) Cass., 3 janv. 1837, S. 37.1.151 ; 19 janv. 1880, précité ;
Angers, 27 août 1821, S. et P., chr.; Limoges, 26 août 1848,
S. 49.2.321. En ce sens : TROPLONG, t. I, n° 151 ; VALETTE,
n° 60 ; PONT, t. I, n° 125 ; LAURENT, XXIX, n° 409 ; THÉ-
ZARD, n° 342 ; BAUDRY-LACANTINERIE et DE LOYNES, I. 394 à
396 ; GUILLOUARD, I, 331. En sens contraire : DEMANTE et
COLMET DE SANTERRE, IX, 28 *bis*. XII *in fine*.
(3) Rapport de M. MILLION à la Chambre des députés,
pour la loi du 18 juillet 1889. V. Paris, 26 décembre 1871,
S., 73.2.13 ; Limoges, 26 août 1848 précité.

d) *Inexécution des obligations du fermier.*
Résiliation. — Frais.

Le privilège du bailleur doit être étendu encore à l'indemnité allouée à ce dernier pour le cas où, le fermier n'exécutant pas les obligations de son bail, le contrat est résilié contre lui. Cette solution résulte aujourd'hui des termes mêmes de la loi du 19 février 1889. Elle doit être admise d'ailleurs aussi bien de le cas d'une résiliation amiable, que dans celui d'une résiliation judiciaire (1).

Enfin, le privilège garantit les frais avancés par le bailleur, soit pour poursuivre le recouvrement des fermages, soit pour obtenir la résiliation du bail.

(1) Nancy, 16 avril 1877, S., 79.2.325 ; Rouen, 20 avril 1880, S., 81.2.245 ; Sic.AUBRY et RAU, parag. 261. p. 238, note 24ᵗᵉʳ ; GUILLOUARD. .332 ; BAUDRY-LACANTINERIE et DE LOYNES, t. I, nᵒ 394

CHAPITRE V

L'exercice normal du privilège du bailleur, sa mise en œuvre régulière ont été organisés par le Code de procédure civile dans les articles 819 et suivants, et la procédure organisée à cet effet porte le nom de saisie-gagerie.

Cette voie d'exécution très rapide, qui peut être pratiquée vingt-quatre heures après un simple commandement, qui n'exige pas de titre exécutoire, qui même n'exige pas de bail écrit et peut être autorisée par simple ordonnance du juge, suffit à assurer l'exercice du privilège dans la plupart des cas. Elle a pour but et pour effet de mettre sous la main de justice les meubles et les récoltes du fermier, débiteur de fermages échus, et lorsqu'une décision de la juridiction compétente l'a convertie en saisie-exécution, le bailleur non payé peut faire procéder à la vente du mobilier et des récoltes saisies, et sur le prix il exercera son privilège.

Cette procédure est mise à la disposition du

bailleur aussi bien en matière de bail à colonat partiaire qu'en matière de bail à ferme (1).

Ajoutons qu'elle permet au bailleur d'atteindre les objets grevés de son privilège, même lorsqu'ils ont été déplacés de la ferme louée, à la condition toutefois qu'ils soient restés juridiquement en la possession du fermier, qu'ils aient été par exemple transportés dans un local appartenant à ce dernier ou loué par lui à un tiers (2).

Mais cette procédure, si expéditive qu'elle soit, ne suffit pas toujours et dans tous les cas à sauvegarder le droit privilégié du bailleur. Elle n'est d'abord possible que lorsque celui-ci est créancier de fermages échus. D'autre part, il peut arriver que le fermier, sentant l'imminence des poursuites, ait fait disparaître les objets et même les récoltes soumis au privilège du bailleur. Enfin, quand le dernier terme est en cours, et que le fermier veut déménager, le

(1) Riom, 19 nov. 1884, S., 85.2.125 ; Alger, 21 mars 1888, *Gaz. Pal.*, 88.2.59.

(2) Rennes, 25 février 1886, S., 87.2.136 ; Riom, 7 août 1890, S., 91.2.40 ; Besançon, 1ᵉʳ mai 1891, S., 91.2.140 ; Sic, THOMINES DESMAZURES, *Comment. sur le Code de procédure civile*, t. 2, p. 415 ; DUTRUC, *Suppl. aux lois de Carré et Chauveau*, t. 3, Vᵉ Saisie-gagerie, n° 34: BAUDRY-LACANTINERIE et DE LOYNES, t. I, n° 445; THÉZARD, n° 349.—Certains auteurs cependant estiment que, dans ce cas, le bailleur doit agir non par voie de saisie-gagerie mais par saisie-revendication: DELVINCOURT, t. 3, p. 146 et 503 ; COLMET DAAGE et GLASSON, *Leçons de procédure civile*, t. 2, n° 1882.

bailleur est impuissant à faire respecter son droit par la saisie-gagerie.

Le législateur s'est préoccupé de cette situation et de ce danger, et c'est pour y remédier que, dans l'article 2102 du Code civil, il a établi au profit du bailleur et dans les termes suivants, un droit de revendication :

« Le propriétaire peut saisir les meubles qui
« garnissent (sa maison ou) sa ferme lorsqu'ils
« ont été déplacés sans son consentement, et il
« conserve sur eux son privilège, pourvu qu'il
« ait fait la revendication, savoir, lorsqu'il s'agit
« du mobilier qui garnissait une ferme, dans le
« délai de quarante jours, (et dans celui de
« quinzaine s'il s'agit des meubles garnissant
« une maison) ».

Ce texte confère au bailleur, sous le nom de droit de revendication, un véritable droit de suite qui lui permettra sous certaines conditions que nous allons voir, d'atteindre les objets assujettis à son privilège, alors même qu'ils ont cessé d'être en la possession du fermier et qu'ils sont passés entre les mains de tiers : le privilège du bailleur est ainsi complété — dans une mesure restreinte à déterminer — par un droit de suite.

Cette disposition de l'article 2102, ce droit de suite ajouté au privilège sont-ils conformes aux

principes généraux de notre droit ? Incontestablement non.

La règle générale qui s'applique à tous les
privilèges mobiliers, et qui est écrite dans l'article 2119 du Code civil, est que « les meubles
« n'ont pas de suite par hypothèque ». Notre
texte contient bien évidemment une dérogation
à ce principe, dérogation qui a été admise en
considération de la faveur qui s'attache à la
créance du bailleur.

M. Valette a cependant essayé de rattacher la
revendication établie par notre article à l'action
générale que l'article 2279 du Code civil accorde
au propriétaire d'un objet volé et qui l'autorise
à le revendiquer pendant trois ans.

Mais M. Guillouard a répondu avec raison à
cette opinion que « l'action générale de l'article
« 2279 n'est donnée qu'au cas de vol, c'est-à-
« dire de détournement frauduleux de la chose
« d'autrui, tandis que l'action accordée au
« bailleur et tendant à la reprise de possession
« de la chose soumise à son privilège existe,
« en dehors de toute idée de vol, par cela seul
« qu'il y a eu déplacement, même de bonne foi,
« des meubles garnissant la ferme louée ».

Il n'y a donc pas d'assimilation possible
entre les deux situations juridiques, et nous
sommes bien en présence d'une disposition

exorbitante du droit commun, admise par
faveur pour le bailleur.

Pour étudier aussi complètement que possible le droit de revendication qui nous occupe,
nous rechercherons :

1° ses origines historiques ;

2° sa nature juridique ;

3° les personnes à l'encontre de qui il peut
s'exercer ;

4° les biens auxquels il peut s'appliquer ;

5° ses conditions d'exercice ;

6° enfin et très rapidement, les formes de
procédure sous lesquelles le bailleur doit le
mettre en œuvre.

I. — Origines historiques

La saisie-revendication autorisée par l'article
2102 n'est pas une innovation du Code civil.

En Droit romain, l'action Servienne permettait au bailleur de poursuivre, même entre les
mains des tiers détenteurs, les objets qui étaient
affectés à la sûreté de sa créance, *quæ pignoris jure pro mercedibus fundi lenentur*. Cela
résultait nécessairement du droit d'hypothèque
qui était reconnu au bailleur, l'hypothèque
conférant normalement un droit de suite.

Dans notre ancien Droit, le système romain
fut suivi dans les pays de droit écrit.

Dans les pays de coutume, où il était de principe que « les meubles n'ont pas de suite « par hypothèque », il eût été logique de proscrire cette règle du Droit romain ; par faveur pour la créance du bailleur, on organisa cependant, pour la garantir, un droit de suite d'une durée restreinte.

Pothier résumant dans son *Traité du louage*, le droit de son temps, s'exprime ainsi (1) :

« Quoique par notre Droit français les « meubles n'aient pas de suite par hypothèque, « néanmoins on a conservé aux locateurs de « métairies le droit de suivre les meubles qui « leur sont obligés.

« Plusieurs coutumes en ont des dispositions ; « par exemple celle d'Auxerre, titre 5, article « 129, dit : meubles n'ont pas de suite par « hypothèque, si ce n'est pour louage de « maison.

« Mais le locateur doit exercer ce droit de « suite dans un court délai, depuis que les « meubles ont été transportés hors de la maison « ou métairie, sinon le droit qu'avait le loca- « teur sur lesdits meubles est purgé ; et en cela « notre Droit français est différent du Droit « romain.

« Sur le temps dans lequel le locateur doit

(1) N° 257.

« exercer son droit de suite sur les meubles
« déplacés de sa maison ou métairie, il faut
« suivre les usages des différents lieux. Suivant
« l'usage de notre province (l'Orléanais), le
« locateur d'une maison a huit jours pour
« suivre les meubles qui ont été enlevés, et le
« locateur d'une métairie en a quarante ».

Sous le numéro 258 du même traité, le même
Pothier ajoute : « Ce droit de suite peut être
« exécuté de deux manières, ou par la voie de
« saisie ou par la voie d'action.

« Les articles 415 et 416 de notre coutume
« d'Orléans établissent la première ; l'article
« 415 dit : « Le seigneur d'hôtel ou de rente
« foncière peut poursuivre les biens enlevés de
« son hôtel et iceux par lui, son procureur ou
« commis (un sergent appelé) prendre, saisir et
« enlever par exécution pour la sûreté de ce qui
« lui est dû... »

« L'article 416 dit : « Et pour le regard des
« maisons, fermes ou pensions d'héritage, le
« seigneur peut poursuivre les biens enlevés de
« son hôtel pour le paiement de trois années
« échues et garnissement d'une année à
« échoir ».

« La voie d'action est établie par l'article 419
« de la même coutume ».

« Ces dispositions de notre coutume, ajoute
« l'auteur, ne définissent point le temps dans

« lequel ce droit de suite peut être exercé, soit
« par la voie de saisie, soit par la voie d'action ;
« mais, comme nous l'avons dit, l'usage le
« restreint à huit jours pour les maisons de
« ville, et à quarante jours pour les métairies. »

Puis, Pothier explique que ce droit de suite
du bailleur existe, « soit que les meubles enle-
« vés soient encore en la possession du loca-
« taire qui les a transportés ailleurs, soit qu'ils
« soient en celle d'un tiers envers qui le
« locataire en aurait disposé (1) ».

Sous le numéro suivant, il ajoute que ce droit
est opposable, « même à un acheteur de bonne
« foi, ou contre un créancier qui les aurait
« reçus de bonne foi, soit en paiement, soit en
« nantissement ; car, dit-il, ces meubles ayant
« contracté une espèce d'hypothèque, lorsqu'ils
« ont été introduits dans la maison ou métairie,
« le locataire ne les possédant, dès lors, qu'à la
« charge de cette espèce d'hypothèque, n'a pu
« les transporter à un autre qu'à cette charge. »

La coutume de Paris contenait, dans son
article 171, une disposition analogue à celle
d'Orléans, qui reconnaissait également le droit
de suite du bailleur, et Joly l'explique ainsi
qu'il suit :

« La disposition de l'article 171 est fondée,

(1) N° 260.

« dit-il, sur deux raisons : la première, que les
« meubles d'un locataire sont seulement affec-
« tés au paiement des (loyers ou) fermages,
« qu'il ne les peut transporter ailleurs sans le
« congé et la permission du propriétaire, sous
« le pouvoir duquel ils sont ; et la seconde,
« s'il les transporte à son insu, *il commet un*
« *larcin.* »

Nous estimons, avec M. Guillouard, que cette
seconde idée, mieux que la précédente et que
celle de Pothier, peut donner une base logique
au droit de suite : la possession du mobilier
ayant été conférée au bailleur lors de son introduction dans les lieux loués, le fermier qui
déplace ce mobilier, soit pour le dissimuler, soit
pour en transférer à un tiers la possession ou
la propriété, commet, au préjudice du bailleur,
un véritable détournement de possession.

Ajoutons, pour terminer, que l'opinion de
Pothier, suivant laquelle la revendication était
possible, même contre un acquéreur de bonne
foi, était controversée : certains auteurs, comme
Bacquet, Brodeau, Ferrière, la repoussaient.

C'est, on peut maintenant s'en rendre compte,
ce Droit coutumier qui a inspiré le législateur
de 1804, lorsque, dans l'article 2102, il a maintenu et réorganisé le droit de revendication qui
nous occupe.

II. — Nature juridique de la revendication
du bailleur

L'idée d'un détournement de possession, que nous avons vu exprimer tout à l'heure par Joly, dans le commentaire de l'article 171 de la coutume de Paris, va nous permettre de préciser le fondement de la revendication accordée au bailleur.

Ce que celui-ci réclame en exerçant son action, contre le tiers détenteur du mobilier déplacé, ce n'est évidemment pas un droit de propriété, puisqu'il n'a jamais été propriétaire des objets garnissant les lieux loués ; mais il demande que le droit de gage tacite, qui lui a été conféré sur ces objets, lors de leur introduction dans les lieux loués, soit respecté ; que la possession, qui est pour lui la base et la condition de ce droit de gage, et qui a été momentanément détournée, lui soit restituée. Il revendique, en un mot, son gage, et sa revendication est, comme disent les auteurs, *une « vindicatio pignoris ».*

Comme le disent MM. Baudry-Lacantinerie et de Loynes (1), « la revendication du locateur « diffère de celle du propriétaire quant à sa « cause ; celle-ci est fondée sur un droit de pro- « priété, celle-là, sur un droit de gage, *jus*

(1) T. I. n° 444.

« *pignoris*. Mais l'une et l'autre ont le même
« but : reconquérir la possession de la chose ;
« avec cette différence, assez insignifiante, que
« le propriétaire revendique pour posséder par
« lui-même, tandis que le locateur revendique
« pour posséder par l'entremise de son loca-
« taire ou, d'une manière plus précise, pour
« posséder la chose avec l'immeuble dans
« lequel elle est placée. »

La revendication du propriétaire est d'ailleurs
couramment désignée sous le nom de « revendication » proprement dite, tandis que celle du
bailleur est pratiquement connue sous le nom
de « saisie-revendication ». C'est le terme qui
la désigne au titre III du livre I de la deuxième
partie du Code de procédure civile, intitulé
De la saisie-revendication.

III — Contre qui elle peut être exercée

L'article 2102 ne désigne pas expressément
les personnes à l'encontre de qui la revendication est possible.

Elle l'est tout d'abord et bien certainement
contre un tiers détenteur de mauvaise foi, par
exemple, contre celui qui, complice du fermier
dans son œuvre de détournement, connaissait
les droits du bailleur et a su, en fait, que le
déplacement du mobilier, auquel il coopérait,

avait pour but de mettre en péril les droits de ce dernier.

Mais l'est-elle contre un tiers de bonne foi, par exemple contre un acheteur du mobilier ou des bestiaux déplacés, qui a acquis dans l'ignorance de la situation réelle du fermier ?

Nous avons vu que, dans l'ancien Droit, cette question était assez vivement controversée en doctrine, mais que Pothier la solutionnait par l'affirmative.

Les auteurs et la jurisprudence moderne ont accepté cette opinion de Pothier, et c'est avec raison, selon nous. Le texte de l'article 2102 est absolu ; il ne soumet la revendication du bailleur qu'à une condition de délai et de défaut d'autorisation préalable ; il n'est pas possible de faire, entre les tiers, une distinction qui n'est pas dans la loi. Du reste, nous l'avons vu, le droit qu'exerce le bailleur est un droit de suite, et le droit de suite, en principe, ne saurait fléchir contre la bonne foi du détenteur à qui on l'oppose (1).

---

(1) Trib. d'Hazebrouck. 23 oct. 1880 ; Trib. Saint-Nazaire, 9 nov. 1883 ; Trib. de Pontarlier, 29 déc. 1883, S. 85.2.92 ; Trib. Gray et Trib. Senlis, 23 nov. 1881, S. 82.2.229 ; Amiens, 27 juin 1882, D. 83.V.369 ; C. suprême du Luxembourg, 14 août 1883, S. 85.4.8 ; Nancy, 6 décembre 1884, D. 85.II.153 ; Cass. 30 déc. 1888, S. 89.1.321 : Cass. 10 juill. 1889. S. 89.1.424. AUBRY et RAU, t. 3, parag. 261, texte et note 37, p. 252 ; GUILLOUARD, I, 340 ; BAUDRY-LACANTINERIE et DE LOYNES, I, 446.

Supposons maintenant que cet acquéreur de bonne foi ait acheté du fermier les objets soumis au privilège, dans une foire ou dans un marché.

Sous l'empire du Code, on discutait la question de savoir si, dans ce cas, le bailleur revendiquant était tenu, par analogie de l'article 2280 du Code civil, de lui rembourser le prix qu'il avait payé au fermier. Les auteurs étaient partagés, mais la jurisprudence repoussait généralement l'analogie proposée et décidait que l'acquéreur évincé n'avait droit à aucune indemnité.

« Attendu, disait la Cour de Cassation dans
« l'un de ses derniers arrêts, qu'aucune dispo-
« sition de loi n'oblige en ce cas le bailleur à
« payer au tiers détenteur la valeur des objets
« revendiqués, lors même que celui-ci les aurait
« achetés dans une foire, ou dans un marché,
« ou dans une vente publique, ou d'un mar-
« chand vendant des choses pareilles ; que les
« règles établies en l'article 2280 du Code civil,
« pour la revendication des meubles perdus ou
« volés, ne sauraient être étendues au cas abso-
« lument différent où un bailleur revendique
« le gage qu'on lui a soustrait ;

« Que la loi, dès lors qu'elle a voulu consti-
« tuer un privilège au profit du bailleur, n'a
« pu en même temps le rendre illusoire, en

« subordonnant le droit de suite inhérent à ce
« privilège au remboursement de la valeur
« du gage (1). »

Nous n'entrerons pas dans le détail de cette
controverse qui, depuis une loi du 11 juillet.
1892, n'a plus qu'un intérêt rétrospectif.

Cette loi a, en effet, ajouté à l'article 2280 un
paragraphe ainsi conçu :

« Le bailleur qui revendique, en vertu de
« l'article 2102, les meubles déplacés sans son
« consentement, et qui ont été achetés dans les
« mêmes conditions (en foire ou en marché)
« doit également rembourser à l'acheteur le
« prix qu'ils ont coûté »

Le vote de cette loi a été précisément motivé
par la jurisprudence que nous venons de citer
et qui, par son indécision d'abord, puis par la
formule définitive de la Cour suprême, était de
nature à nuire aux transactions des foires et
marchés et à préjudicier aux intérêts généraux
de l'agriculture.

Voici comment M. Delsol, l'un des orateurs

(1) Cass. 10 juill. 1889, D. 90.I.392; Sic. Trib. de Gray,
3 mars 1881, S. 82.2.229; C. justice de Luxembourg, 14 août
1883, S. 85.4.8; Trib. Saint-Nazaire, 9 nov. 1883, et Trib. Pontarlier, 29 déc. 1883, S. 85 2.92; Nancy, 6 déc. 1884 S.
85.2.131; Angers, 23 nov. 1885, D. 89.I.61 ; Caen, 10 déc.
1885, et Chambéry, 13 juil. 1886, S. 87.2.10; Cass. 30 oct.1888,
S. 89.1.321 ; Cass. 10 juil. 1889, S. 89.1.424 ; Cf. note de
M. MEYNIAL, sous Cass. 30 oct. 1888, préc. En sens cont. :
AUBRY et RAU, 4me édition, t. III, parag. 261, p. 144.

qui prirent part à la discussion à la Chambre, justifia la réforme :

« .... Il faut bien que le fermier vende ses
« récoltes et même le produit de ses écuries
« pour pouvoir payer ses fermages. Ces ventes
« ne sont-elles pas virtuellement autorisées par
« le contrat même intervenu entre le bailleur et
« le preneur, et peuvent-elles être paralysées
« par l'exercice répété du droit de revendi-
« cation ? La jurisprudence actuelle, il est vrai,
« ne les interdit pas, mais elle frappe les
« produits du fermier d'une grave et inévitable
« dépréciation, et il n'y a pas un marchand en
« foire qui ne redoute de les acheter, de peur
« de tomber sous le coup d'une reven-
« dication (1) ».

Au Sénat, M. Camescasse, rapporteur du projet, s'attacha à montrer l'anomalie de la législation qui favorisait la revendication du gage plus que celle de la propriété. « N'est-il
« pas étrange, dit-il, que l'objet trouvé dans
« une foire et réclamé par le bailleur ne soit
« pas remboursé au tiers détenteur, tandis que
« le propriétaire devra rembourser la valeur
« de la chose au même tiers détenteur » ? Et plus loin : « Il importe de savoir si des considé-
« rations d'un ordre supérieur ne commandent

(1) DALLOZ, 1892, IV, 89.

« pas au contraire d'assimiler par une loi les
« deux hypothèses et d'imposer dans les deux
« cas le remboursement du prix. Les intérêts
« de l'agriculture et la sécurité des contrats y
« sont trop engagés. Le tiers détenteur, ache-
« teur en foire d'un animal, ne peut être traité
« différemment, suivant que cet animal a été
« acheté d'un voleur ou du propriétaire même
« de l'animal vendant sa propre chose (1) ».

La loi nouvelle, adoptée sur ces considérations, impose donc au bailleur revendiquant
à l'encontre d'un tiers, acheteur en foire ou en
marché, l'obligation de rembourser à ce tiers le
prix qu'il a payé au fermier.

Mais remarquons bien que cette loi, mettant
le bailleur sur la même ligne que le propriétaire,
ne fait peser sur lui cette obligation de restitution que dans les termes et aux conditions
déterminées par l'article 2280, dans lequel la loi
a été incorporée. Il est par conséquent nécessaire que le tiers acheteur soit de bonne foi (2).
Cette condition exigée dans l'hypothèse du
paragraphe I de l'article doit l'être également
dans celle du nouveau paragraphe II.

L'article 2280 place, à côté de l'achat en foire
ou dans un marché, celui fait « chez un mar-
« chand de choses pareilles ».

(1) SIREY, *Lois annotées* 1892, p. 397.
(2) GUILLOUARD, I, n° 342.

Cette hypothèse n'est pas aisément applicable au fermier ; il a été jugé, en tous cas, que le fermier qui vend du bétail « dans sa ferme ne « saurait être considéré comme marchand « vendant des choses pareilles », s'il n'exerce pas d'une manière notoire le commerce de bestiaux (1).

IV. — Biens sur lesquels peut porter la revendication

L'article 2102 ne vise expressément, comme pouvant faire l'objet de la revendication du bailleur, que les meubles garnissant (la maison louée ou) la ferme ; il ne parle ni des objets servant à l'exploitation de la ferme, ni des fruits et récoltes. On peut se demander dès lors si la revendication peut atteindre ces deux classes de biens.

Pour les objets servant à l'exploitation de la ferme, nous avons vu au chapitre 3 de notre étude que deux théories différentes s'étaient fait jour sur le point de savoir à quel titre et à quelles conditions ils peuvent être grevés du privilège. Suivant les uns, ils ne sont assujettis à ce privilège que parce que en même temps ils sont des objets garnissant la ferme louée. Si l'on adopte cette manière de voir, il est bien

(1) Trib. civ. Angers (référés) 20 novembre 1893, *Gaz. trib.* 3 décembre 1893.

évident qu'ils pourront faire l'objet d'une revendication, puisqu'ils rentrent ainsi implicitement
dans la formule de notre texte, comme « meubles garnissants ».

La question est plus délicate au contraire si,
avec l'opinion que nous avons admise, les objets
servant à l'exploitation de la ferme constituent
une catégorie de biens soumis au privilège,
alors même qu'ils ne garnissent pas le fonds
affermé.

On peut dire, en effet, dans ce cas, que la saisie-
revendication étant une institution exception-
nelle, dérogatoire au droit commun, le texte
qui l'établit doit recevoir une interprétation
restrictive ; or, ce texte ne parle que des objets
qui « garnissent » la ferme ; et, dès lors, les
objets servant à l'exploitation de la ferme, mais
« non garnissants », doivent échapper au droit
de revendication

Nous adopterons, quand à nous, la solution
contraire, persuadé qu'elle est commandée par
la logique des choses. La saisie-revendication
est un des moyens de mettre en action le privilège ; elle doit permettre de placer sous la main
de justice tous les biens grevés de ce privilège,
donc aussi bien les objets et matériel d'exploitation que ceux qui garnissent la ferme. Si la
loi n'a parlé que des objets « garnissants »,
c'est parce qu'ils constituent la classe la plus

importante des biens soumis au privilège (1).

Pour ce qui est des récoltes, la question ne se pose pas pour celles des années antérieures à la saisie, puisque ces récoltes, garnissant la ferme, sont astreintes à ce titre au privilège ; elles le sont, par celà même, à la revendication.

Reste la récolte de l'année : nous avons vu (chapitre III) que le privilège, ayant ici une base spéciale, étrangère à toute idée de nantissement, existe même si cette récolte a été placée ou engrangée en dehors du fonds affermé. C'est donc avec raison que le législateur ne l'a pas mentionné, lorsqu'il a organisé le droit de suite du bailleur, la saisie-revendication n'ayant pas d'intérêt dans ce cas. Du reste, la récolte est, par nature, destinée à être vendue en vue de l'exécution des obligations du bail : le bailleur doit être présumé en avoir autorisé, en contractant le bail, le déplacement ; et la vente faite par le fermier ne saurait, à notre avis, être critiquée qu'au cas de fraude (2).

Reste un dernier point relatif aux meubles appartenant à des tiers. Lorsqu'ils sont déplacés des lieux loués, peuvent-ils être revendiqués ? Nous n'hésitons pas à admettre l'affirmative. Soumis en principe au privilège du bailleur, comme les meubles appartenant au fermier, ils

(1) BAUDRY-LACANTINERIE et DE LOYNES, n° 455.
(2)   Id.   n° 456.

sont assujettis comme eux, et dans la même mesure, au droit de revendication du bailleur (1).

V. — Conditions d'exercice de la revendication du bailleur

Le texte de l'article 2102, que nous avons rappelé plus haut, stipule expressément deux conditions de l'exercice du droit de revendication du bailleur :

1° Il faut que les meubles aient été déplacés sans son consentement ;

2° La revendication doit être faite dans le délai de quarante jours.

Nous croyons qu'il y a lieu d'ajouter qu'il est en outre nécessaire que le fermier n'ait pas laissé dans les lieux loués un mobilier suffisant pour répondre des fermages échus ou à échoir.

a) *Déplacement des meubles grevés sans le consentement du bailleur*

Il est tout d'abord certain que, lorsque le bailleur a donné son assentiment au déplacement du mobilier, il ne peut exercer aucune revendication.

Le consentement du bailleur peut être exprès ou tacite.

(1) GUILLOUARD, I, 346.

Lorsque ce consentement est exprès, le
fermier ou le tiers contre qui la revendication
est exercée doit en rapporter la preuve conformément au droit commun.

Le consentement tacite résultera des circonstances qui ont accompagné l'enlèvement. Ainsi,
il y aura consentement tacite lorsque les
meubles ou les récoltes du fermier auront été
déplacés au vu et au su du propriétaire (1).

Le consentement peut du reste intervenir soit
au moment de l'enlèvement, soit auparavant ;
il peut même résulter seulement de la nature
même du bail : ainsi, la location seule d'une
terre productrice de fruits destinés à être
vendus implique que, par avance, le propriétaire
a consenti à la vente et au déplacement de ces
fruits (2).

b) *Délai de la revendication*

L'article 2102 dispose que la revendication, lorsqu'il s'agit d'une ferme, doit être
faite dans le délai de quarante jours.

Ce délai est plus étendu que lorsqu'il s'agit
du bail d'une maison (dans ce cas la revendi-

(1) Poitiers, 17 février 1834, S., 35.2.124 ; DELVINCOURT,
t. III, p. 274 : TROPLONG, 1, 163 ; PONT, I, 131, ; VALETTE,
n° 67 ; AUBRY et RAU, parag. 261, texte et note 38 ; BAUDRY-
LACANTINERIE et DE LOYNES, I, 449 : GUILLOUARD, I, 343.

(2) V. les auteurs cités à la note précédente : Cpr. Lyon,
24 février 1836. S. 36.2.414.

cation doit avoir lieu dans la quinzaine) :
pourquoi ? C'est que le législateur a pensé que
le propriétaire d'une ferme, qui est quelquefois
éloigné, et n'a pas généralement de préposé
pour le renseigner, serait moins bien placé que
le bailleur d'une maison pour surveiller les
agissements de son locataire (1).

Pourquoi, d'autre part, la loi a-t-elle limité à
un délai aussi court le droit de revendication ?
C'est, à notre avis, qu'elle a voulu concilier les
intérêts du bailleur avec le principe de la sécurité des transactions ; logiquement, les meubles
n'ayant pas de suite par hypothèque, elle eût dû
supprimer toute revendication ; elle a maintenu
au contraire ce droit dans un délai assez court,
pour porter atteinte le moins possible aux
droits acquis des tiers, notamment des acheteurs
de bonne foi.

Le motif que nous venons d'invoquer et la
différence même du délai admis en matière de
bail à ferme et de bail à loyer, prouvent que,
dans l'esprit du législateur, le point de départ du
délai est le jour de *l'enlèvement* du mobilier, et
non pas le jour où cet enlèvement est parvenu à
la connaissance du propriétaire (2).

---

(1) GUILLOUARD, I, 349.
(2) Cass., 6 mai 1835. DALLOZ, Rép., V. Priv. n° 283 : PONT.
I, 131 ; LAURENT, XXIX, n° 444 ; GUILLOUARD, n° 350 ;
BAUDRY-LACANTINERIE et DE LOYNES, I, 453.

En cas de vente, le délai ne court également que du jour du déplacement des objets vendus, alors même que le bailleur aurait eu connaissance de la vente : celui-ci en effet ne peut agir tant que les meubles ne sont pas transportés hors de son immeuble (1).

Le délai de quarante jours est-il fatal, en ce sens que, sous aucun prétexte, il ne devra ni ne pourra être dépassé ?

Certains auteurs le soutiennent (2).

Un autre, au contraire, admet que, lorsque le fermier a déménagé clandestinement les meubles grevés du privilège et que, par suite d'un concert frauduleux, le fermier a réussi à dissimuler l'endroit où les meubles ont été transportés et a paralysé ainsi toute saisie-revendication, le délai ne doit courir que du jour où le propriétaire a eu connaissance de la fraude.

MM. Aubry et Rau, qui admettent en principe cette dernière solution, se montrent assez exigeants sur les faits constitutifs de la fraude en pareille matière. « MM. Valette et Pont, « disent-ils, ne nous paraissent pas s'être suffi- « samment rendu compte de la diversité des « circonstances qui peuvent se présenter. Que « le locataire et le tiers possesseur aient pris

(1) Cass., 28 décembre 1882, S. 83.4.39 ; Limoges, 26 août 1848, S. 49.2.321 ; GUILLOUARD, I, 351.
(2) PONT, I, n° 131 ; VALETTE, n° 67.

« des précautions plus ou moins habiles pour
« soustraire· l'enlèvement des meubles à la
« connaissance du propriétaire ou de ses
« préposés ; que, par exemple, ils aient opéré
« l'enlèvement au milieu de la nuit, ces précau-
« tions, qui se prennent habituellement en pareil
« cas, ne constitueront point des moyens frau-
« duleux dans le sens de la matière qui nous
« occupe. Mais, si l'on avait corrompu le
« portier ou le surveillant, pour obtenir son
« silence ou même son concours, il y aurait, de
« la part du tiers, une fraude qui se rattacherait
« directement au délai de la revendication et
« qui ne permettrait plus d'en reporter le
« commencement au jour de l'enlèvement des
« meubles (1).

La jurisprudence admet, elle aussi, comme
possible, la prorogation du délai en cas de
fraude. Le principe nous paraît particulièrement
bien posé, dans un arrêt de la Cour de Lyon du
3 août 1887(2), qui s'exprime ainsi : « Si un délai
« a été fixé par la loi pour revendiquer les objets
« enlevés et s'il a été accordé pour le faire qua-
« rante jours dans un cas, quinze jours dans
« l'autre, c'est que le législateur a estimé ce

(1) Parag. 261, note 41, p. 253, 5ᵉ édition. En ce sens :
GUILLOUARD, n° 352 ; LAURENT, XXIX.444 ; BAUDRY-LACAN-
TINERIE èt DE LOYNES, I. 453.
(2) Cité en note dans S. 95.1.88 ; Cpr. Cass., 23 juin 1893,
S. 94.2.229, et sur pourvoi : Cass. 28 janvier 1895, S. 95.1.88.

« délai suffisant pour les cas généraux ; mais il
« ne saurait y avoir là un délai fatal opposable
« au revendiquant qui a été dans l'impossibilité
« d'agir et d'exercer son action, lorsque c'est
« par suite de manœuvres frauduleuses que
« l'enlèvement a eu lieu, et que les meubles
« ont été transportés au loin, et qu'il a fallu se
« livrer à des recherches assez longues pour les
« retrouver. »

Nous ajouterons ici que, dans ce cas de
fraude, la jurisprudence admet, contre le
tiers qui s'est associé au détournement du fermier et qui l'a facilité, non seulement la revendication, mais une action personnelle et directe
en dommages-intérêts. Dans le cas particulier
où le tiers, qui a eu en sa possession les objets
détournés, s'en est dessaisi pour rendre impossible la revendication, on admet que le propriétaire est en droit de se prévaloir de la faute
commise par celui-ci, pour obtenir, dans les
termes de l'article 1382 du Code civil, réparation
du préjudice que cette faute lui a causé (1).

c) *Nécessité d'une insuffisance de gage
après le déplacement*

Nous pensons qu'il y a là une troisième condition de l'exercice de la revendication et que le

(1) Cass., 24 juin 1874, S. 75.1.168.

propriétaire ne peut revendiquer les meubles déplacés si le fermier a laissé, dans les lieux loués, une quantité de meubles suffisante pour garantir l'exécution des conditions du bail. Cette solution ne laisse pas cependant que d'être discutée.

Quelques arrêts (1) et quelques auteurs (2) estiment que le texte absolu de l'article 2102 du Code civil dicterait la solution contraire,

Cet article, dit-on, déclare grevés du privilège du bailleur, non seulement les meubles nécessaires à sa garantie, mais tous les meubles sans distinction; donc, la revendication doit avoir la même étendue.

Sans doute, le fermier aurait pu se borner à introduire, dans les lieux loués, un mobilier strictement suffisant à assurer l'exécution du bail (art. 1752 Code civil); mais, s'il a apporté dans la ferme un mobilier plus important, l'ensemble de ce mobilier s'est trouvé grevé du privilège, et, en même temps, soumis à la revendication en cas de déplacement. L'article 2102 ne permet-il pas, du reste, au bailleur de « consentir » au déplacement des meubles du fermier ? et le mot « consentement » n'implique-

---

(1) Paris. 2 oct. 1806; Poitiers. 28 janv. 1819. DALLOZ, Rep. V° *Priv. et Hypot.*, 286.

(2) MOURLON, *Comment. sur Troplong*, n° 104; PONT, I. n° 132; BAUDRY-LACANTINERIE, *Précis.*, 4° édition, t. III, n° 1102.

t-il pas la liberté absolue d'apprécier s'il y a
lieu d'autoriser le fermier à déplacer une partie
quelconque de son mobilier? Dès lors, en l'ab-
sence de toute restriction, le droit de revendication n'est-il pas lui-même absolu?

Cette argumentation n'est pas, à notre avis,
acceptable.

La solution à laquelle elle aboutit serait,
dans certains cas, d'une rigueur excessive,
notamment, lorsqu'à la fin du bail, le dernier
terme de fermage seul restant à payer, le fermier, en vue de son installation dans une nouvelle exploitation, y transporte une partie de
son matériel, tout en laissant, dans la ferme
qu'il va quitter, un matériel suffisant pour
rassurer le propriétaire sur le paiement des
derniers fermages et des accessoires du bail.
Une saisie-revendication, pratiquée dans ces
circonstances, se heurterait à la maxime :
« *Summum jus, summa injuria* », ou encore à
cet autre principe que l'intérêt est la mesure des
actions; et il est facile de voir que le droit du
bailleur, ainsi compris et ainsi exercé, devien-
drait, entre ses mains, un instrument de tracas-
series et de vexations. Du reste, l'institution de
notre droit de revendication est, nous l'avons
vu, d'origine coutumière, et Pothier constate
qu'il n'était accordé qu'avec la restriction que
nous proposons : « Il est à observer, dit-il, que

« l'esprit de nos coutumes, en accordant le droit
« de suite au locateur, n'est pas d'ôter au loca-
« taire toute disposition des meubles qu'il a
« portés en la maison qui lui est louée, mais
« seulement autant qu'elle donnerait atteinte à
« la sûreté du locateur pour ses loyers et les
« autres obligations du bail. C'est pourquoi la
« coutume d'Orléans dit, article 416, que le
« seigneur de métairie peut poursuivre pour le
« paiement de trois années échues et garnisse-
« ment d'une année à échoir. Le locataire peut
« donc disposer librement des effets qu'il a
« dans la métairie qu'il a prise à loyer, et le
« locateur ne peut les suivre ni en demander le
« rétablissement, pourvu qu'il en reste suffi-
« samment dans la métairie de quoi procurer
« au locateur la sûreté de ses fermes (1). »
Cette opinion de Pothier est d'un grand poids
pour l'interprétation de notre texte qui est
d'origine traditionnelle. Quant à la justification
rationnelle de notre opinion, nous la trouverons
dans cette considération, que déjà nous avons
rencontrée, que le consentement du propriétaire
au déplacement des meubles, qui met obstacle
à la saisie-revendication, peut être simplement
tacite et qu'il peut résulter du contrat même
de louage. Or, nous croyons que, lors de la

(1) POTHIER, Du Louage, n° 268.

formation de ce contrat, en face de l'obligation prise par le preneur d'assurer l'exécution du bail par une quantité suffisante de meubles, le bailleur, de son côté, a consenti à ce que son co-contractant dispose librement de tout ce qui ne serait pas nécessaire à cette garantie. Ce consentement tacite et anticipé doit être considéré comme une renonciation au droit d'exercer une revendication sur la portion de meubles qui n'est pas strictement nécessaire à l'exécution des obligations dérivant du bail. Cette interprétation, conforme à l'équité et à la bonne foi, nous paraît aussi conforme à l'intention des parties, dont les juges doivent s'inspirer (article 1156 Code civil); elle est d'autant plus légitime que, dans le doute, l'interprétation d'un texte doit se faire en faveur du débiteur (article 1162 Code civil) et, enfin, elle concilie l'article 1752 et l'article 2102 (1).

(1) Dans le sens de cette solution : FAVARD DE LANGLADE, Rep. V⁰ *Saisie-Gagerie*, n° 1; PERSIL, *Régime hypothécaire*, t. I, p. 122; GRENIER, *Traité des hypothèques*, 2, n° 311; TROP-LONG, 1, n° 164; VALETTE, n° 67; MARTOU, t. 2, n° 436; CHAU-VEAU, sur CARRÉ, *Lois de la procédure civile*, t. 6, question 2798; DUTRUC, Supp¹ V⁰, *Saisie-gagerie*, n° 29; AUBRY et RAU, parag. 261, texte et note 40, p. 253; LAURENT, t. 25, n° 425; THÉZARD, n° 349; GUILLOUARD, t, I, n° 345; PLANIOL, t. II, n° 2477. Note de M. DE LOYNES dans D. 95.II.497; Req. 8 décembre 1806, D. Rep. V⁰ *Louage à Cheptel*, n° 79; Rouen, 30 avril 1846; Besançon, 1ᵉʳ juillet 1886, D. Supp¹ V⁰ *Priv. et Hypoth.*, n° 134; Lyon, 28 mai 1891, D. 93.II.110; Trib. civ. Seine, 7 oct. 1893, D Supp¹ *cod.* V⁰, n° 134; Trib. civ. Rennes, 9 déc. 1892, D. 95.II.497.

VI. — Formes de la revendication

Bien que le cadre de notre travail soit limité à l'étude des règles de Droit civil, nous croyons cependant utile de donner une indication rapide de la procédure à suivre pour l'exercice de la revendication du bailleur.

L'article 2102 dit que le bailleur « peut saisir » les meubles déplacés sans son consentement, et il ajoute qu'il conserve sur ces meubles son privilège, pourvu qu'il en « ait fait la revendication » dans le délai qu'il détermine.

L'article 819 du Code de procédure civile, de son côté, dispose : « Les propriétaires ou prin- « cipaux locataires (de maisons ou) de biens « ruraux peuvent saisir les meubles qui garnis- « saient la maison ou la ferme, lorsqu'ils ont « été déplacés, etc... »

Il suit de là que, en principe, c'est par voie de saisie que le bailleur, qui veut revendiquer entre les mains des tiers les objets déplacés par le fermier, doit procéder.

Il résulte, d'autre part, de l'article 826 du Code de procédure civile, que la saisie-revendi- cation doit être préalablement autorisée par le président du Tribunal civil, et par une ordon- nance rendue sur requête.

Toutefois, lorsque le prix du bail n'excède

pas annuellement six cents francs, et lorsque les causes de la saisie rentreront 'dans la compétence du juge de paix, c'est ce dernier qui aura qualité pour l'autoriser (article 13, loi du 12 juillet 1905, sur la compétence des juges de paix).

La saisie-revendication doit être suivie d'une demande en validité, et cette demande doit être portée savoir : si le prix du bail n'excède pas annuellement six cents francs, devant le juge de paix, sauf s'il survient une contestation de la part d'un tiers, et si le fermage excède six cents francs ou si une contestation est soulevée par un tiers, devant le tribunal civil de première instance.

Nous pensons, d'ailleurs, que la procédure de saisie n'est pas prescrite à peine de nullité; l'article 2102, comme aussi l'article 819 du Code de procédure civile, n'exigent qu'une chose : c'est que, dans le délai de quarante jours, une revendication soit faite.

Un arrêt de la Cour de Caen, du 23 juin 1893 (1), que nous avons déjà rencontré, a admis la recevabilité d'une action directe en revendication contre le tiers détenteur, sans aucune saisie préalable.

(1) S. 94.2.229.

CHAPITRE VI

L'étendue du privilège, les facilités d'exercice que la loi lui accorde sont sans doute des plus appréciables au point de vue des garanties qu'il confère au créancier; mais tout cela pourrait diminuer considérablement d'intérêt si, après l'avoir accordé, le législateur avait assigné au privilège un rang qui, le plus souvent, le rendît illusoire.

Nous savons, en effet, que le privilège « constitue un droit que la qualité de la créance « donne à un créancier d'être préféré aux autres « créanciers (art. 2095 Code civil). » De là, il résulte que, si le privilège doit être primé, lors de la distribution de l'actif du débiteur, par d'autres privilèges d'un rang préférable qui absorbent tout cet actif, il devient complètement inutile.

Il est donc utile, indispensable, pour comprendre tout l'intérêt qui s'attache à notre privilège, de déterminer le rang que la loi ou — à défaut de la loi -- l'interprétation juridique lui assignent parmi les autres privilèges.

Cette recherche, cette détermination comporteront deux sections différentes : dans la première, nous fixerons le rang que le privilège

occupe au milieu des autres privilèges institués
par le Code civil, et pour y arriver, nous serons
obligés de donner un aperçu général du classement des privilèges mobiliers et des théories
principales auxquelles ce classement a donné lieu.

Dans la seconde, nous étudierons, avec un
peu plus de détail, certains conflits spéciaux
qui peuvent naître entre le privilège du bailleur
d'immeubles ruraux et divers autres privilèges,
et qui sont susceptibles de présenter, par leur
fréquence, un intérêt pratique plus considérable.

I. — Aperçu général du classement des privilèges sur les meubles. Rang du privilège du bailleur.

Nous ne donnerons ici, bien entendu, qu'un
résumé très sommaire de la question, estimant
que l'examen complet des théories diverses qui
se rattachent à cette matière compliquée et
ardue de notre Droit civil, sortirait des limites
de notre étude.

D'autre part, nous bornerons ce résumé aux
seuls privilèges institués par le Code civil,
comme le font, du reste, en général, les auteurs,
le rang des privilèges établis par des lois spéciales étant généralement précisé par le texte
même de ces lois.

Les privilèges mobiliers, établis par le Code
civil, se divisent en privilèges généraux (ceux

de l'article 2101) et en privilèges spéciaux (ceux de l'article 2102). Les premiers portent sur l'ensemble du patrimoine du débiteur ; les seconds ne grèvent qu'une fraction de ce patrimoine, qu'une certaine catégorie de biens.

Quel rang doit-on assigner à ces divers privilèges, dans leurs rapports les uns avec les autres ? L'on conçoit que cette question se pose lorsque les privilèges généraux sont en concours avec les privilèges spéciaux, et lorsque certains privilèges généraux ou spéciaux sont en concours avec d'autres de la même catégorie.

Le Code civil est sobre de dispositions sur la question qui nous occupe.

Il dit, dans l'article 2096, que la préférence se règle par les différentes qualités des privilèges. Puis, dans l'article 2101, il classe, suivant l'ordre dans lequel ils sont énumérés, les privilèges généraux. Dans l'article 2102-1° alinéa 4, il décide que le bailleur d'immeubles ruraux sera primé par le créancier pour frais de récoltes, fournitures de semences ou d'ustensiles aratoires, et, enfin, dans le même article 2102-4°, il déclare que le bailleur sera préféré au vendeur de meubles non payés, s'il est de bonne foi, et qu'il sera primé par lui au cas contraire.

D'autre part, l'article 662 du Code de procédure civile déclare que la créance du bailleur sera préférée aux frais de poursuite de contri-

bution, c'est-à-dire à la créance des frais judiciaires.

Voilà les seules données que fournissent les
textes. Il est clair qu'elles sont insuffisantes et
que l'interprétation juridique a à régler les
situations et les conflits que la loi n'a pas prévus
ou n'a pas voulu prévoir.

Diverses opinions se sont fait jour pour sup-
pléer à ce silence du législateur, tant en ce qui
concerne le conflit des privilèges généraux avec
les privilèges spéciaux, qu'en ce qui concerne les
conflits entre les différents privilèges spéciaux.

Les uns soutiennent que les privilèges généraux doivent primer les privilèges spéciaux (1).

D'autres soutiennent, au contraire, que les
privilèges spéciaux sont préférables aux privilèges généraux, hormis toutefois les frais de
justice (2).

(1) PONT, I 178; MALVILLE, *Sur l'art. 2102*; TARRIBLE, Rép.
de MERLIN, V° *Priv.*, section 3, parag. I; FAVARD DE LAN-
GLADE, V° *Priv.* section 3; GRENIER; DELVINCOURT; TROP-
LONG, n° 74; CHAUVEAU et CARRÉ, *Questions 2175 et 2177*;
COLMET DE SANTERRE, t. 9, n° 49 *bis*, II. et s.; ZACHARIAE,
MASSÉ et VERGÉ, t. 5, parag. 828, note 2, p. 250; Limoges,
15 juillet 1813; Rouen, 12 mai 1828; Poitiers, 30 juillet 1830;
Rouen, 30 janvier 1851, S. 51.1.281; Bordeaux, 12 avril 1853,
S. 53.2.444: Trib. Senlis, 11 mars 1884, S. 84.2.104.

(2) PIGEAU, t. 2, p. 184; PERSIL, *Sur l'art. 2101*; VALETTE,
n° 119; ROLLAND DE VILLARGUES, *Rep. du not.* V° *Priv.*,
n°s 197 et 198; PLANIOL, *Traité*, t. 2, n° 2634; Cass. 20 mars
1849, S. 50.1.106; Paris, 25 novembre 1814, S. chr.: Rouen,
17 juin 1826, S. chr.; Paris, 25 février 1832, S. 32.2.299; Dijon,
19 mai 1893, S. 93.2.134.

Un troisième système décide qu'il n'y a lieu de s'attacher ni à la spécialité, ni à la généralité des privilèges pour les classer, mais qu'il convient d'appliquer, dans chaque cas et pour chaque privilège, la règle « *Privilegia ex causa estimantur* », c'est-à-dire de rechercher la cause de préférence qu'a eue en vue le législateur; et, pour faire cette recherche, il y a lieu, dit ce système, de s'inspirer, par analogie, des règles posées par le Code dans les cas particuliers que nous avons vus plus haut (1). Et cette règle doit être appliquée dans les deux hypothèses que nous avons prévues : concours de privilèges généraux et spéciaux, et concours de privilèges spéciaux seulement.

Pour notre part, nous sommes assez enclin à nous rallier à ce dernier système, qui a le mérite de ne pas heurter de front, dans une classification trop rigide et trop absolue, certains textes précis, qui certainement ne cadrent pas avec les deux premiers systèmes.

Or, partant de ce principe, et à l'aide de la méthode d'interprétation juridique que préconise ce troisième système, nous aboutirons à cette double classification :

---

(1) BAUDRY-LACANTINERIE et DE LOYNES, t. I, n. 773; AUBRY et RAU, t. III, parag. 289, texte p. 798 et note 2; GUIL DOUARD, *Priv.* t. IV, n° 1859.

a) *Concours de privilèges généraux et spéciaux*

1° Privilège des frais de justice (sauf ceux qui ne présentent pas d'utilité pour le bailleur ou le créancier nanti.

2° Privilèges basés sur le nantissement exprès ou tacite.

3° Privilèges généraux (autres que les frais de justice),

4° Privilège pour la conservation d'une chose particulière.

5° Privilège pour prix de vente.

b) *Concours de privilèges spéciaux entre eux*

1° Privilège fondé sur un nantissement exprès ou tacite.

2° Privilège du conservateur de la chose.

3° Privilège du vendeur (1).

Comme nous pouvons le voir par cet aperçu, le privilège du bailleur, qui repose sur l'idée de nantissement, est placé, dans les deux classifications, dans le rang le plus favorable possible.

(1) Cette classification est celle de MM. AUBRY et RAU, parag. 289, p. 803, texte.

II. — Concours du privilège du bailleur avec divers autres privilèges spéciaux

Nous étudierons particulièrement, sous cette rubrique, les règles qui régissent le conflit du privilège du bailleur avec :

1° celui du fournisseur de semences ou du créancier pour frais de récoltes ;

2° celui du fournisseur d'ustensiles aratoires ;

3° enfin, celui du porteur de warrants agricoles (loi du 30 avril 1906).

Cette simple énumération montre que ces privilèges ont un rapport étroit avec celui du bailleur d'immeubles ruraux ; les principes qui doivent régler leur conflit présentent un intérêt pratique considérable. et ils rentrent particulièrement bien dans le sujet que nous nous sommes proposé de traiter.

a) *Concours du privilège du bailleur avec celui du fournisseur de semences et du créancier pour frais de récolte*

Le privilège du vendeur de semences ou du créancier pour frais de récolte est établi par l'article 2102 du Code civil, dans les termes suivants : « Les sommes dues pour les semences « ou pour les frais de la récolte de l'année sont « payées sur le prix de la récolte (et celles dues

« pour ustensiles sur le prix de ces ustensiles),
« par préférence au propriétaire, dans l'un et
« l'autre cas. »

Ce texte établit, comme on le voit, non seulement le privilège qui nous occupe (fournitures
de semences et frais de récolte), mais encore
celui du fournisseur d'ustensiles : nous rencon-
trerons ce dernier sous le paragraphe suivant.

Voyons le premier, et voyons comment il se
justifie et ensuite dans quelle mesure et à quelles
conditions il prime le privilège du bailleur.

La raison d'être de ce privilège est aisée à
saisir : le fournisseur de graines, l'ouvrier qui
a travaillé à la récolte, ont mis dans le patrimoine du fermier une valeur qui profite au
propriétaire : il est équitable que celui-ci ne
recueille pas le prix de cette récolte avant que
les salaires de l'ouvrier ou le prix des graines
n'aient été payés.

Ce privilège, comme du reste le suivant, est
tiré de certaines de nos anciennes coutumes.
Pothier en fait mention dans les termes suivants : « Les moissonneurs sont préférés au
« seigneur de métairie sur les grains qu'ils ont
« coupés à la dernière récolte ; les métiviers sur
« ceux qu'ils ont métivés. »

« A Orléans, les valets de labour lui sont
« aussi préférés sur les grains, pour les services
« qu'ils ont rendus pendant les quatre mois

« courus depuis la Saint-Jean jusqu'à la Tous-
« saint, lesquels leur seront payés sur le pied
« d'une demie année, à cause de la force du
« travail. ».

« Dans quelques provinces, comme en
« Dunois, on accorde aussi un privilège sur
« les fruits, avant le maître d'hôtel, aux char-
« rons et maréchaux, pour leurs fournitures de
« l'année, comme ayant servi à faire valoir la
« métairie ».

D'après notre article 2102, le privilège dont
il s'agit n'est donné, d'une part qu'aux fournis-
seurs de semences, et d'autre part qu'à ceux qui
sont créanciers pour « frais de la récolte de
« l'année », c'est-à-dire qu'à ceux qui ont été
employés à cette récolte, domestiques, valets de
ferme, journaliers.

En ce qui concerne les domestiques qui,
dans une exploitation rurale, peuvent être employés tant à l'intérieur de la maison du maître
qu'aux travaux de culture, une observation est
à faire : ils n'auront droit au privilège qui nous
occupe qu'autant qu'ils auront coopéré à la
récolte. La Cour de cassation a dit à ce propos,
dans un arrêt du 18 juin 1889 : « Le privilège
« de l'article 2102, qui appartient aux tiers qui
« ont fourni les semences, fait les labours, ou
« levé les récoltes, peut être également invoqué
« par les serviteurs attachés à une exploitation

« rurale, dans les conditions de la domesticité,
« mais dans le cas seulement où il est établi
« que les salaires pour lesquels ils le réclament
« proviennent exclusivement de fournitures ou
« de travaux faits pour la récolte de l'année ;
« en dehors de ce cas, ils ne peuvent prétendre
« qu'au privilège moins favorable accordé aux
« gens de service par l'article 2101-4° du Code
« civil, sur la généralité des meubles (1). »

Le texte de l'article 2102 ne parle que du fournisseur de semences : doit-on accorder le privilège au fournisseur d'engrais ? La jurisprudence le refuse généralement, d'abord parce qu'un texte qui établit un privilège doit recevoir l'interprétation restrictive, et en outre parce qu'il n'est pas possible de dire que l'engrais a reçu son entière utilisation sur la récolte de l'année ; son effet profitera aux récoltes suivantes (2).

Il est d'autre part nécessaire, pour que le privilège dont il s'agit puisse s'exercer, que les personnes qui l'invoquent aient directement concouru à la récolte, soit par leur travail, comme les ouvriers, soit par leurs fournitures,

(1) S. 90.1.68. Dans le même sens: Paris, 23 juin 1812, S. chr. ; Limoges, 26 août 1848, S. 48.2.31 ; Tribunal Vitry-le-François, 31 juillet 1884, S. 84.2.221.

(2) AUBRY et RAU, III, parag. 261, texte et note 47 ; BAUDRY-LACANTINERIE et DE LOYNES, I, n° 467 ; GUILLOUARD, I, n° 360 ; Caen, 28 juin 1837, S. 37,2.495 ; Cass., 9 nov. 1857 ; Amiens, 2 mai 1863, S. 63.2.122 ; Cass., 15 juin 1892, S. 93.1.281 : Dijon, 16 mai 1893, S. 93.2.134.

par exemple en vendant des chevaux ou en livrant des ustensiles en vue de la préparation de cette récolte (1).

Ce privilège, ainsi défini et ainsi précisé, s'impose incontestablement au propriétaire de la ferme, lorsque c'est le fermier qui a fait lui-même sa récolte ou lorsqu'elle a été saisie et vendue sur lui.

L'hypothèse légale du concours du privilège du bailleur et du fournisseur de semences s'est dans ce cas pleinement réalisée et le fournisseur est préféré au bailleur.

Mais la situation peut se présenter sous un aspect différent : il se peut qu'avant la maturité de la récolte, c'est-à-dire avant que le fournisseur de semences ait pu mettre en œuvre son droit privilégié, cette récolte ait cessé d'appartenir au fermier et ait été cédée à un tiers. Ou bien elle a été cédée seule, isolément de la jouissance du fonds, ou bien, après résiliation du bail, elle a été cédée en même temps que la jouissance de la ferme à un nouveau fermier, ou bien encore c'est le propriétaire qui, reprenant possession des terres louées, reprend en même temps la récolte dont le prix se compensera avec sa créance de fermages. Que devient, dans ces diverses hypothèses, le droit privilégié du fournisseur ?

(1) GUILLOUARD, I, 363.

Nous pensons que la question doit se résoudre en partant du principe, incontestable suivant nous, que le privilège du fournisseur ou de l'ouvrier, étant un privilège mobilier, n'est pas armé du droit de suite et ne confère qu'un droit de préférence sur le prix (1). Ce droit de préférence ne pouvant plus s'exercer, puisque le débiteur est dépossédé et que la réalisation de la récolte ne s'opère pas pour son compte, nous pensons que le droit privilégié tout entier est éteint (2).

La question ne laisse pas cependant que d'être assez discutée, particulièrement dans l'hypothèse spéciale où le bailleur, après résiliation du bail, reprend ses terres avec les récoltes qui s'y trouvent.

La Cour de cassation, dans une espèce où d'ailleurs le fournisseur de semences avait notifié au bailleur sa créance avant la résiliation du bail, a posé en principe que « le paiement du « prix des semences constitue, aux termes de « l'article 2102, n° 1, paragraphe 4 du Code « civil, une charge dont est grevé le droit privi- « légié du propriétaire sur la récolte de l'année « préparée par ces semences (3) ».

(1) AUBRY et RAU, t. III, parag. 256, texte p. 185.
(2 En ce sens : A. TISSIER, note dans S. 1900.2.217 : Bourges, 3 mars 1877, S. 1880.2.104.
(3) Cass., 11 juillet 1864, S. 64.1.311.

M. Labbé dans une note insérée au Sirey 1893, 1, 281, sous Cassation, 15 juin 1892, a écrit : « Si. par une résiliation de bail, la récolte « est attribuée au bailleur, le privilège accordé « au vendeur de semences continuera à s'exer- « cer au détriment du bailleur, subrogé au « preneur sous les mêmes charges ».

Un jugement du Tribunal de Châteauroux, du 19 juin 1899 (1), confirmé par la Cour de Bourges (2), admet une solution identique, en la motivant sur ce que la résiliation du bail, avec attribution des récoltes au propriétaire, consti- tuerait un mode particulier de la mise en œuvre du privilège du bailleur, et sur ce que, ce pri- vilège étant ainsi réellement exercé, le cas qui nous occupe constituerait bien l'hypothèse du concours de privilèges prévu par l'article 2102.

Nous ne croyons pas que cette solution, si équitable qu'elle puisse paraître, soit conforme au droit strict et aux règles de l'interprétation.

La loi ne dit pas d'abord que le privilège du fournisseur de semences est une *charge* dont est grevé celui du bailleur ; elle suppose une distribution de l'actif du fermier entre tous ses créanciers, et elle dit que, dans cette distribu- tion, le fournisseur de semences sera préféré au bailleur.

(1) S. 1900.2.217.
(2) Bourges, 9 mai 1900, S. 1900.2.232.

En outre, cette opinion aboutit à créer, au préjudice du tiers acquéreur de bonne foi qui a payé le prix de son acquisition, un droit de suite dont la loi ne parle pas et qui, nous l'avons vu, est en contradiction avec le principe général de l'article 2119.

Enfin, il ne nous paraît pas exact que la résiliation du bail constitue un mode de l'exercice du privilège : le privilège suppose un conflit entre plusieurs créanciers, et le bailleur n'a pas eu à subir ce conflit, ni à exercer son privilège, s'il a résilié le bail et reçu en paiement les récoltes.

Il nous semble d'ailleurs que la Cour de cassation, dans un arrêt du 27 juillet 1897 (1), a admis implicitement la solution que nous présentons : elle reconnaît « qu'il est vrai que le « privilège du fournisseur de semences n'est « pas assorti du droit de suite » ; mais, elle déclare que le propriétaire ne peut opposer l'article 2119 du Code civil, qu'autant qu'il a régulièrement pris possession des récoltes, au moyen d'une vente translative de propriété. La question ainsi posée se ramènerait alors, en fait, au point de savoir si l'acte dont le bailleur se prévaut est régulier et lui a bien transféré la propriété de la récolte.

(1) S. 1902.1.23.

L'examen auquel nous venons de nous livrer et la solution à laquelle nous nous rallions font apparaître dans notre législation une lacune regrettable ; il est fâcheux que la loi ait sacrifié, dans nombre de cas, le droit du fournisseur de semences ou des ouvriers qui ont travaillé à la récolte, et nous comprenons parfaitement tous les efforts faits par la jurisprudence pour remédier par une solution équitable à une situation fâcheuse ; mais, cependant, dans l'état actuel de la législation, il est impossible d'accorder aux créanciers en question un droit de suite que les principes généraux et le texte de l'article 2102 conduisent à leur refuser.

Reste un dernier point à élucider : à défaut de privilège, le fournisseur de semences ou l'ouvrier non payé auront-ils au moins, contre le bailleur qui va profiter de la récolte, une action personnelle quelconque ?

Nous ne le croyons pas : d'abord aucun contrat direct n'étant intervenu entre le propriétaire et le fournisseur ou l'ouvrier, ceux-ci ne peuvent évidemment intenter une action quelconque basée sur un contrat : le contrat passé avec le fermier n'est pas opposable au propriétaire (1) (art. 1165 du Code civil).

Nous pensons, d'autre part, que le bailleur

(1) Cass., 18 oct. 1898. S. 99.1.165.

12

n'est pas davantage soumis à l'action *de in rem
verso* et qu'on ne peut pas invoquer contre lui
le profit personnel et direct qu'il a pu tirer des
fournitures ou des travaux faits en vue de la
récolte. « L'action *de in rem verso*, disent
« MM. Aubry et Rau, doit être admise d'une
« façon générale comme sanction de la règle
« d'équité, qu'il n'est pas permis de s'enrichir
« aux dépens d'autrui, dans tous les cas où le
« patrimoine d'une personne se trouvant, *sans
« cause légitime*, enrichi au détriment d'une
« autre personne, celle-ci ne jouirait, pour
« obtenir ce qui lui appartient ou ce qui lui est
« dû, *d'aucune action* naissant d'un contrat,
« d'un quasi-contrat ou d'un quasi-délit (1). »
L'action *de in rem verso* est donc subordonnée
à deux conditions ; elle suppose : 1° que la personne à qui on l'intente s'est enrichie sans cause
légitime, 2° et que la personne, dont la chose a
tourné au profit d'autrui, n'a pas une cause
légitime d'action contre une autre personne.
Or, dans notre hypothèse, on ne peut pas dire
que le bailleur, qui a reçu la récolte en paiement
de ses fermages, se soit enrichi « sans cause » :
le paiement ou la dation en paiement qu'il a
reçue n'est que l'exécution de sa créance de
fermages ; et, d'autre part, le fournisseur ou

---

(1) Aubry et Rau. 4ᵉ édition, t. VI, p. 246-247, parag. 578.

l'ouvrier ne sont pas dépourvus d'action contre le fermier, puisqu'ils ont contracté avec lui (1).

b) *Concours du privilège du bailleur et du vendeur d'ustensiles*

Nous avons vu que, dans la disposition qui règle le concours du privilège du fournisseur de semences et du privilège du bailleur, l'article 2102 déclare également préférable à ce dernier le privilège du créancier « de sommes dues pour « ustensiles, sur le prix de ces ustensiles ».

Il y a là, nous l'avons dit, un privilège tout à fait distinct du précédent.

Il est accordé pour tous les objets qui servent soit à la préparation des terres, soit à la conservation ou à la récolte des fruits (2), par exemple pour les instruments aratoires, machines à battre, futailles destinées à loger le vin de la récolte, etc...

La raison d'être de ce privilège se conçoit aisément : le bailleur profitant de la valeur mise dans le patrimoine de son fermier par le vendeur, ou le réparateur d'ustensiles, il n'est que juste qu'il soit primé par la créance de ce dernier.

(1) Cass. civ., 18 oct. 1898, précité. Note Labbé, dans Sirey, 93.1.282.
(2) Guillouard, I, 367.

Notons que, d'après l'opinion de presque tous les auteurs, le privilège garantit, non seulement le prix de la vente des ustensiles, mais la créance résultant des réparations qui ont été faites au matériel du fermier [1]. Les raisons de décider sont les mêmes que pour le fournisseur, et la généralité des termes employés par l'article 2102 : « sommes dues pour ustensiles », rend possible cette interprétation.

Il est, d'autre part, admis que le mot « ustensiles » ne désigne ici que des ustensiles agricoles et ne s'applique pas aux ustensiles de ménage, qui ont pu être livrés au fermier ou réparés pour son compte [2].

La préférence accordée à notre privilège sur celui du bailleur n'est donnée, par notre article, que si la vente ou la réparation ont eu lieu au cours du bail. Si elles ont eu lieu avant l'entrée en jouissance, le privilège du vendeur et du réparateur ne primera celui du bailleur que si celui-ci a su, lors de l'introduction des objets dans la ferme louée, que le vendeur ou les ouvriers n'étaient pas payés [3].

---

(1) BAUDRY-LACANTINERIE et DE LOYNES, t. I, n° 472; GUILLOUARD, t. I, n° 369.

(2) GUILLOUARD, t. I, n° 367.

(3) GUILLOUARD, n° 370, V. Cep. Paris, 4 nov. 1886. S. 87.2.132.

c) *Conflit du privilège du bailleur à ferme et du privilège du porteur de warrants agricoles*

Le privilège du bailleur à ferme peut encore se trouver primé, dans certains cas et à certaines conditions, par celui du porteur d'un warrant agricole.

Ce dernier privilège a été créé par une loi du 18 avril 1898, actuellement abrogée et remplacée par la loi du 30 avril 1906.

Pour apprécier la répercussion que ces lois ont eue sur le privilège du bailleur à ferme, il est intéressant d'en examiner rapidement les dispositions.

a) *Loi du 18 avril 1898*

Cette loi, qui a institué les « warrants agricoles », est une de celles qui se rattachent à l'organisation du crédit mobilier agricole dans notre pays. Elle a réalisé une des réformes qui avaient échoué lors de l'élaboration du projet qui a abouti à la loi du 19 février 1889, sur la restriction du privilège du bailleur de fonds ruraux : elle a permis à l'agriculteur d'emprunter les capitaux dont il peut avoir besoin, en donnant un gage sur une partie de son actif mobilier, tout en conservant la détention, la possession matérielle de l'objet servant de garantie : elle a, en définitive, permis la constitution d'un gage sans déplacement et elle a ainsi autorisé, dans une mesure restreinte, pour l'agriculteur, ce qui venait d'être permis d'une façon expresse et plus générale pour les commerçants par la loi du 1ᵉʳ mars 1898 sur le nantissement des fonds de commerce.

L'article premier de cette loi a permis à tout agriculteur (propriétaire-exploitant ou fermier) d'emprunter sur les produits agricoles ou industriels de son exploitation, tout en en conservant la garde dans les bâtiments ou sur les terres de l'exploitation. La partie finale de l'article énumère limitativement les produits pouvant être ainsi donnés en gage.

L'article 2, relatif au cas où l'emprunteur est un agriculteur-fermier, touche de près à la matière qui nous occupe. Il dispose que cet agriculteur, non propriétaire ni usufruitier de la ferme exploitée, devra avant tout emprunt aviser le propriétaire du fonds loué de la nature, de la valeur et de la quantité des marchandises qui doivent servir de gage pour l'emprunt, ainsi que du montant des sommes à emprunter.

L'alinéa 2 du même article règle les conditions de forme dans lesquelles cet avis doit être donné par l'intermédiaire du greffier du juge de paix.

L'alinéa 3 donne au propriétaire, à l'usufruitier, ou à leur mandataire légal, le droit de
s'opposer au prêt au cas où des termes échus leur
seraient dûs, et ce, dans un délai de douze
jours.

Lorsque l'emprunt est ainsi rendu possible
définitivement, le greffier du juge de paix, à
qui une déclaration complète aura été faite de
l'importance du gage et des sommes à emprunter, délivre le titre qui doit être remis au
prêteur et qui porte le nom de « warrant ».

Ce warrant, transmissible par endossement,
donne au porteur le droit de faire réaliser son
gage à l'échéance et de se faire payer sur le prix
de vente « par préférence à tous créanciers, sans
« autre déduction que celle des contributions
« directes et des frais de vente (article II) ».

Il résulte de ces dispositions que, dans
l'hypothèse d'un emprunt contracté par un
fermier, la loi du 18 juillet 1898 a restreint
dans une mesure assez grande le droit privilégié
du bailleur. Celui-ci ne peut s'opposer à l'emprunt que s'il est créancier pour fermages
échus, et, lorsque le warrant a été créé, il confère
au porteur un privilège dont le rang prime
celui du bailleur sur les récoltes données en
gage.

b) *Loi du 30 avril 1906*

La loi de 1898 était à peine votée que sa modification fut presque aussitôt réclamée. Elle ne donna du reste, en fait, que de forts médiocres résultats ; et dès 1901, divers projets de remaniement de la loi furent déposés, tant à la Chambre qu'au Sénat ; ils aboutirent à la loi du 30 avril 1906, qui a abrogé et remplacé la loi de 1898.

Comme la précédente, la loi nouvelle intéresse, parce qu'elle est susceptible de l'amoindrir, le privilège du bailleur.

Désormais le cultivateur peut warranter tous les produits agricoles ou industriels de sa ferme, qui ne sont pas immeubles par destination, même les bestiaux.

La loi nouvelle a maintenu l'avertissement préalable au propriétaire du fonds ; mais cet avis n'est plus nécessaire que si l'emprunteur entend conférer sur les produits à warranter un droit privilégié préférable à celui du bailleur.

Lorsque l'avis a été donné, le bailleur a un délai de huit jours pendant lequel il peut s'opposer au warrantage ; mais, comme par le passé, ce droit ne peut être exercé que s'il est créancier de fermages échus. Il peut d'ail-

leurs expressément consentir à la délivrance
du warrant.

Lorsque l'emprunteur et le prêteur sont
d'accord pour ne pas aviser le propriétaire, il
est indispensable que les produits ou les animaux warrantés soient maintenus dans les lieux
loués.

De sorte que deux hypothèses et deux situations sont possibles :

Ou bien le propriétaire a été avisé ; il n'a pas
fait ou il n'était pas en situation de faire opposition, ou encore il a expressément consenti à la
délivrance du warrant : dans ce cas le privilège
accordé au porteur sur la chose warrantée
prime le privilège du bailleur ; ou bien le propriétaire n'a pas été régulièrement avisé, et dans
ce cas, son privilège est maintenu et celui du
porteur de warrant ne vient qu'en seconde
ligne (1).

(1) V. sur cette matière : *Lois annotées*, SIREY 1907, p. 384.

CHAPITRE VII

Le privilège du bailleur d'un fonds rural s'éteint :

1º Par suite de l'extinction de la créance qu'il garantit ;

2º Par l'aliénation par le bailleur du fonds affermé ;

3º Par le déplacement des meubles grevés, accepté définitivement par le bailleur.

a) *Extinction de la créance garantie*

Le privilège du bailleur est un droit accessoire ; il suppose une créance qu'il garantit et dont il sert à assurer le paiement. Il va de soi que si, pour une cause quelconque, cette créance vient à disparaître, il cessera, lui aussi, d'exister par voie de conséquence : le paiement des fermages et de toutes les créances résultant du bail mettra fin notamment au privilège.

Mais supposons que, par suite d'un accord entre le propriétaire et le fermier, accord que nous supposerons d'ailleurs exempt de toute fraude, le paiement vienne à être annulé et que la créance de fermages revive. Cette créance sera-t-elle encore garantie par le privilège du bailleur ?

Nous le croyons : l'annulation du paiement seul fait que la créance primitive n'a jamais cessé d'exister et elle doit, à notre sens, subsister avec tous les acceseoires qui y étaient attachés, notamment avec le privilège.

On objecte à cette solution que la convention des parties ne peut par elle-même donner naissance à un privilège. Cette objection ne nous paraît pas porter : ce ne sont pas les parties qui, dans notre hypothèse, créent le privilège : ils se bornent à constater qu'une créance du bailleur qui avait été, à un moment donné, paralysée par un paiement, n'a pas cessé d'exister ; et c'est la loi qui, par son seul effet, attache à cette créance le privilège qui la garantit (1).

b) *Aliénation du fonds afferme*

Nous avons vu que le privilège du bailleur, en tant qu'il s'applique aux objets garnissants et aussi au matériel d'exploitation, repose sur une idée de nantissement tacite.

L'on considère, dans la presque unanimité de la doctrine, que le bailleur possède les meubles du fermier par l'intermédiaire de l'immeuble

(1) En ce sens : Cass. Belgique, 25 janvier 1877, et Conclusions de M. l'avocat-général CLOQUETTE, dans S. 78.2.23.

qui les contient. Or, l'article 2076 du Code civil exige, pour la conservation du gage, que l'objet donné en gage demeure en la possession du créancier ou du tiers convenu entre les parties. On applique ce texte au bailleur et l'on décide généralement, en conséquence, que, lorsque le bailleur, d'abord propriétaire des lieux loués, transporte à un tiers acheteur la propriété et la possession de l'immeuble affermé, il perd du même coup la possession des meubles qui étaient à la base de son privilège et ce privilège s'éteint. Par voie de conséquence, disparaîtra pour le bailleur primitif le droit de faire pratiquer une saisie-gagerie sur les meubles du fermier, pour les fermages échus antérieurement à la cession (1).

Cette solution a cependant été contestée par M. Labbé (2). Avec une très ingénieuse et très fine dialectique, il a montré que l'idée complète de nantissement n'était pas à la base de notre privilège, et que la possession des objets grevés était en réalité laissée au débiteur, au preneur,

(1) Cass., 14 déc. 1895. S. 93.1.169 ; Cass., 14 février 1827, S. chr. ; Orléans, 23 novembre 1838, S. 39.2.427 ; Grenoble, 30 janv. 1864, S. 64.2.195 ; Caen, 9 mars 1891 ; DALLOZ supp¹, V° *Privilèges*, n° 77 ; GUILLOUARD. I, 269 ; AUBRY et RAU, parag. 261, texte et note 4 ; BAUDRY-LACANTINERIE et DE LOYNES, I, 358 ; CARRÉ et CHAUVEAU : *Lois de la procédure*, VI. question 2793 ; COLMET DE SANTERRE, IX, n° 28 *bis*, III ; THÉZARD, n° 336 ; LEBRET, note DALLOZ, 94.I.265.

(2) Note sous Cass., 14 décembre 1892, dans S. 93.1.169.

et que cette condition de la possession du gage
par le créancier était ici remplacée par « cette
« prescription de la loi que les meubles soient
« placés et maintenus dans les lieux loués ». Il
serait donc abusif, suivant lui, d'appliquer au
privilège du bailleur l'article 2076 du Code
civil, qui ne vise que le cas d'un véritable nantissement basé sur une possession réelle et
complète. « Concluons, dit-il, que la condition
« de la possession par le créancier des meubles
« engagés est remplacée par les meubles du
« locataire affectés du privilège du bailleur,
« par cette prescription ayant un but analogue,
« que les meubles du locataire soient placés et
« maintenus dans les lieux loués ou dans le
« cercle de l'exploitation de la ferme. Nous
« disons que le but est analogue: l'explication
« est facile. La possession par le créancier
« gagiste est établie dans l'intérêt des autres
« créanciers comme un mode de publicité, pour
« les avertir du droit de préférence qu'ils subi-
« ront. Elle montre aux tiers que le meuble
« possédé primitivement par le créancier ga-
« giste est affecté à sa garantie spéciale. D'où,
« si la possession propre du gagiste cesse, le
« privilège cesse, parce que le bien sorti des
« mains du créancier rentre dans la masse
« commune des biens du débiteur. Les tiers
« peuvent être trompés en voyant disparaître le

« signe extérieur du privilège. Appliquons la
« même recherche à notre hypothèse. Les
« meubles, les fruits ont été déposés dans les
« lieux loués et servent à leur utilisation ;
« c'est la condition du privilège ; c'est l'avertis-
« sement donné aux tiers. Par la vente, l'alié
« nation et la tradition de l'immeuble à l'ache-
« teur, cette condition, cette extériorité parlante
« pour les tiers a-t-elle cessé d'être réalisée ?
« non. Les meubles ont-ils changé de place, de
« destination visible ? non. Les autres créan-
« ciers ont-ils été trompés, comme ils auraient
« pu l'être, si les meubles étaient sortis des
« lieux loués ? non. Pourquoi le droit de préfé-
« rence ne subsisterait-il pas ? »

Et, poursuivant son argumentation, M. Labbé
invoque le but poursuivi par le législateur, qui
a été, en organisant le privilège du bailleur,
d'assurer le paiement de fermages qui, en pratique, ne sont pas toujours payés régulièrement ;
il envisage l'intention présumée du vendeur de
l'immeuble et de l'acheteur, qui n'a pas été de
dépouiller le vendeur de la garantie que la loi
lui accordait pour le recouvrement de sa
créance.

Cette argumentation est à coup sûr sédui-
sante, et nous devons reconnaître qu'elle résout
la question que nous avons posée par une analyse fort judicieuse des faits et des situations

juridiques des parties intéressées. Nous ne croyons pas cependant que, depuis l'arrêt du 14 décembre 1892, critiqué par M. Labbé, la Cour suprême soit revenue sur sa jurisprudence.

Si l'on admet sur cette question l'opinion généralement enseignée, que le privilège du bailleur est perdu par le fait de l'aliénation de son immeuble, il convient en tous cas, d'apporter à ce principe une double exception :

D'abord, il n'en est plus ainsi lorsque, avant l'aliénation de son immeuble, le bailleur a commencé des poursuites et saisi-gagé le mobilier du preneur. En agissant ainsi, le bailleur a mis en mouvement son privilège; il l'a fixé d'une manière définitive au regard des tiers (1).

Ensuite, la règle doit encore recevoir exception dans le cas où l'acte d'aliénation contient une réserve expresse et formelle du privilège au profit du propriétaire vendeur. Dans cette hypothèse, on peut dire que l'acquéreur possédera le mobilier du fermier à la fois pour son compte personnel, à titre de garantie des fermages à échoir, et pour le compte du vendeur, pour sûreté des fermages échus (2).

---

(1) GUILLOUARD, I, 270.
(2) GUILLOUARD, ibid. THÉZARD, n° 336.

c) *Aliénation et déplacement des meubles du fermier, non suivis de revendication*

La possession que l'on reconnaît généralement au bailleur sur le mobilier du fermier peut disparaître également par le fait de celui-ci : elle sera dans la plupart des cas le résultat d'une aliénation consentie par lui.

Mais nous avons vu que, sous certaines conditions, le bailleur peut, malgré le déplacement des meubles, conserver son gage au moyen de la revendication exercée dans un délai utile.

Il ne suffit donc pas, pour que le privilège du bailleur disparaisse, que les meubles aient été aliénés et déplacés de la ferme; il est, de plus, nécessaire que le bailleur ait laissé passer le délai de quarante jours, fixé par l'article 2102, sans exercer son droit de revendication (1).

Ici, une question se pose : lorsque le bailleur n'a pas revendiqué dans le délai légal, il est certain qu'il ne pourra plus le faire désormais: son droit de suite est éteint; mais si le prix du mobilier aliéné reste encore dû au fermier, pourra-t-il tout au moins exercer son droit de préférence sur ce prix?

Nous ne pensons pas que le droit de préférence survive au droit de suite, car l'expiration

(1) GUILLOUARD, I, 353.

du délai de la revendication, en faisant disparaître la cause du privilège, en dessaisissant
définitivement le propriétaire de ce qui constitue
son gage, anéantit, par voie de conséquence, le
privilège lui-même avec tous ses effets. C'est,
au surplus, la solution qui nous paraît commandée par le texte même de l'article 2102-1°
alinéa 5, qui dispose : « Le bailleur peut saisir...,
« et il conserve son privilège, pourvu qu'il ait
« fait la revendication..., etc. » (1)

Il existe cependant certains cas où le déplacement, même définitif, des meubles du fermier,
non suivi de revendication du bailleur, ne fait
pas perdre à ce dernier son privilège

C'est d'abord celui où ces meubles sont saisis
et vendus à la requête d'un créancier autre que
le bailleur. Le droit de revendication ne saurait,
en effet, conférer au bailleur le droit de s'opposer à cette saisie et à cette vente. Dans ce cas,
le bailleur n'a qu'un droit : celui de se faire
colloquer par préférence sur le prix de la vente.
Pour le conserver, il devra, conformément à
l'article 609 du Code de procédure civile, former
une saisie-arrêt sur ce prix, et réclamer, lors de
la distribution par contribution, un paiement

---

(1) En ce sens : GUILLOUARD, n° 354; BAUDRY-LACANTI-
NERIE et DE LOYNES, I, n° 459; AUBRY et RAU, parag. 261,
texte et note 42 *bis*, page 254; Lyon, 24 février 1836,
S. 1836.2.414.

par privilège. Il ne sera même pas tenu d'attendre, pour obtenir ce paiement, la clôture de la contribution : l'article 661 du Code de procédure l'autorise, en effet, à faire statuer préliminairement sur son privilège par le juge-commissaire de la contribution (1).

Enfin, il en serait de même, et le privilège ne serait pas éteint par le déplacement définitif des meubles, lorsque la vente est faite par un administrateur judiciaire ou un mandataire commun des créanciers, tels que l'héritier bénéficiaire, le curateur d'une succession vacante ou un administrateur séquestre (2), chargé de réaliser dans l'intérêt commun de tous les créanciers.

---

(1) GUILLOUARD, I, 355; BAUDRY-LACANTINERIE et DE LOYNES, I, n° 461; AUBRY et RAU, paŗag. 261, p. 254, texte et note 44.

(2) BAUDRY-LACANTINERIE et DE LOYNES, I, 462; AUBRY et RAU, *Eod. loc.*, texte et note 45; Cass. 9 juillet 1894, D. 95.1.97.

CONCLUSION

L'étude rapide à laquelle nous venons de nous livrer nous a fait voir que, depuis quelques années, l'institution du privilège du bailleur, et spécialement du bailleur d'un bien rural, subit une sorte de recul.

Elle était entrée, en 1804, dans notre droit moderne, avec l'ampleur et la solidité qu'une antique tradition avait conduit à lui accorder. Depuis quelques années, au contraire, il semble que la faveur du législateur se soit détachée d'elle : nous avons rencontré d'abord la loi du 19 février 1889, sur la restriction du privilège, puis celles des 18 avril 1898 et 30 avril 1906, sur les warrants agricoles : la première s'est contentée de restreindre l'importance de la créance garantie ; mais les deux autres, en permettant au fermier de contracter un emprunt sur une partie de son avoir agricole, même contre le gré du propriétaire, ont porté, au privilège du bailleur d'un fonds rural, une atteinte grave qui, dans certains cas, pourra aller jusqu'à l'annihiler à peu près complètement.

Sous l'empire de quelles idées ces réformes ont-elles été faites? A quels besoins répondent-elles? La voie qu'elles semblent tracer est-elle bonne à suivre? Est-elle utile au point de vue général? C'est ce que nous nous proposons de rechercher, en quelques lignes, dans cette conclusion.

Il n'est pas impossible que, dans l'esprit de quelques-uns des législateurs qui les ont votées, les lois récentes ne se rattachent à l'idée que la propriété, surtout celle du sol rural, ne doit plus être protégée aussi efficacement, aussi énergiquement qu'elle l'était au début du siècle dernier.

Mais ce n'est pas là, croyons-nous, le sens des réformes faites ni leur raison d'être. Il est difficilement contestable que, depuis un siècle, les conditions de l'agriculture, dans notre pays, les modes de l'exploitation de la terre se sont profondément modifiés. Grâce à la diffusion des connaissances scientifiques parmi nos populations rurales, grâce aussi à l'impulsion de certaines industries, qui touchent de très près à l'agriculture et en tirent leurs produits, comme l'industrie sucrière, la culture des terres est devenue plus intensive : on cherche presque partout à obtenir d'elles le maximum de rendement. Or, ce mode de culture exige du cultivateur des sacrifices, ou des avances en engrais, en outillage, en machines, etc..., et il arrive souvent que le cultivateur-fermier, exploitant de la terre d'autrui, n'a pas d'autre ressource que son matériel. Il faut donc qu'il emprunte ; mais comment pourra-t-il le faire ? En donnant en gage ce matériel, en s'en servant comme d'un instrument *de crédit*.

Les lois dont il s'agit se rattachent donc à l'idée de faciliter au cultivateur le crédit qui lui est nécessaire pour exploiter convenablement et avec fruit ; elles tendent à organiser *le crédit agricole*.

Or, ce crédit peut se concevoir de deux manières différentes : ou bien le prêteur n'exige du cultivateur qu'un simple engagement, ne réclame de lui qu'une signature : on dit, dans ce cas, que le crédit est *un crédit personnel* ; ou bien, au contraire, le prêteur veut une garantie (gage ou hypothèque), et il ne consent à faire l'avance qu'on sollicite de lui que si l'emprunteur assure le remboursement de la somme prêtée au moyen d'une valeur, soit immobilière soit mobilière, sur laquelle un droit de préférence lui est accordé. Le crédit est alors un crédit *réel* ; il peut être ou un crédit foncier (quand la garantie est immobilière), ou un crédit mobilier (quand le gage conféré est une valeur mobilière quelconque).

Il est clair que les deux lois précitées, sur les warrants agricoles, ont eu pour but de faciliter le *crédit mobilier agricole* (1),

C'est en partant de ce point de vue et en envisageant cet avantage pour le fermier de pouvoir utiliser, dans une certaine mesure, son actif mobilier en vue de se procurer des fonds pour la mise en valeur de sa terre, qu'on a été amené à penser que le privilège du bailleur des biens ruraux pesait très lourdement sur le crédit du fermier et que, dans bien des circonstances, il serait un obstacle à tout emprunt.

Le législateur de 1898, comme celui de 1906, prenant en considération cet inconvénient du privilège du bailleur de biens ruraux, a cru devoir, non pas seulement le restreindre, mais

(1) En Allemagne, l'organisation du Crédit agricole remonte déjà aux environs de 1850, et elle s'est largement développée depuis lors, grâce aux associations *Reiffeisen* et *Schulze Delitzch*. Ces institutions sont surtout basées sur le principe de la mutualité : les avances qu'elles font consentir aux agriculteurs sont garanties par l'engagement mutuel de tous les sociétaires. — En France, l'organisation du Crédit agricole n'est guère à l'ordre du jour que depuis 1890. Une loi du 3 novembre 1894 a facilité aux syndicats agricoles la création de sociétés de crédit agricole. Une autre loi, du 31 mars 1899, a institué des Caisses régionales, destinées à faciliter le crédit aux agriculteurs, et les a dotées d'un fonds de 40 millions, que la Banque de France a dû avancer à l'État, comme condition de renouvellement de son privilège. Mais quelque intéressantes que soient ces tentatives législatives, les résultats auxquels elles ont abouti sont médiocres. Nos populations rurales font appel au crédit qu'on leur offre dans une mesure des plus restreintes.

le faire fléchir devant celui du porteur de warrant agricole. Nous avons vu, en effet, au chapitre VI, que, dorénavant, le fermier peut, s'il n'est pas débiteur actuel de fermages *échus,* emprunter et engager une partie importante de son patrimoine mobilier (bestiaux et produits agricoles de toute nature), malgré l'opposition du bailleur, sans que ce dernier ait aucun moyen d'empêcher cette distraction d'une portion de son gage.

Comment convient-il d'apprécier cette innovation ? Les débats parlementaires, qui ont abouti à la loi du 18 avril 1898, sont, sur ce point, intéressants à consulter. Lors de la discussion au Sénat, l'honorable M. Théodore Girard a présenté un amendement qui avait pour but de réserver au propriétaire le droit de s'oppposer à l'emprunt projeté par le fermier, non seulement au cas où celui-ci serait débiteur de loyers échus, mais d'une manière plus large, au cas où, après la création du warrant, il ne serait plus resté sur la ferme une valeur suffisante pour assurer le fermage courant et l'exécution du bail. En justifiant cet amendement, il a parfaitement mis en lumière les dangers divers que la loi nouvelle ferait courir au bailleur ; son amendement a été repoussé.

Depuis lors, certains auteurs ou certains publicistes sont allés plus loin encore, et, tou-

jours dans l'intérêt du crédit agricole mobilier,
ils n'ont réclamé rien moins que la suppression
pure et simple du privilège du bailleur des
biens ruraux.

C'est, à notre avis, excessif, et le législateur
de 1906, dans sa réforme de la loi sur les
warrants, n'a pas osé aller jusque là Nous
pensons qu'il a bien fait et nous nous deman-
dons même si la limitation apportée au droit
d'opposition du bailleur n'est pas, telle qu'elle
est conçue, de nature à se retourner contre les
intérêts bien compris du fermier et de l'agriculture en général.

Nous croyons pouvoir affirmer sans crainte
que le bail à ferme n'est pas prêt de disparaître
de nos institutions ni de nos mœurs. Or, il est
à redouter que la suppression du privilège du
bailleur, si elle devait être un jour admise, ne
conduise les propriétaires de biens ruraux à
exiger de leurs fermiers des garanties d'une
autre nature, ou, à défaut, un taux de fermage
plus élevé. Il est à craindre aussi que, si l'usage
des warrants vient à se généraliser, les propriétaires n'imposent dans leurs baux des clauses
prohibitives, stipulant une résiliation pour le
cas où un warrant serait créé au préjudice de
leurs intérêts. Loin de favoriser les intérêts du
fermier, la suppression, ou même la restriction

exagérée du privilège du bailleur se retournerait alors contre lui.

Nous pensons même que le législateur de 1906, comme du reste celui de 1898, est allé un peu loin en limitant le droit de *veto* du bailleur au seul cas où il est créancier de fermages *échus* ; et nous croyons qu'il eût été plus prudent, comme le proposait M. Girard, de lui réserver le droit d'apprécier si la partie d'actif, laissée en dehors du warrant par le fermier, était ou non suffisante pour garantir les fermages courants et les obligations résultant du bail.

TABLE DES MATIÈRES

www.ingramcontent.com/pod-product-compliance
Lightning Source LLC
Chambersburg PA
CBHW061017280326
41935CB00009B/1002